# Mandalas de Animales

## Volumen 2

ediciones rodeno

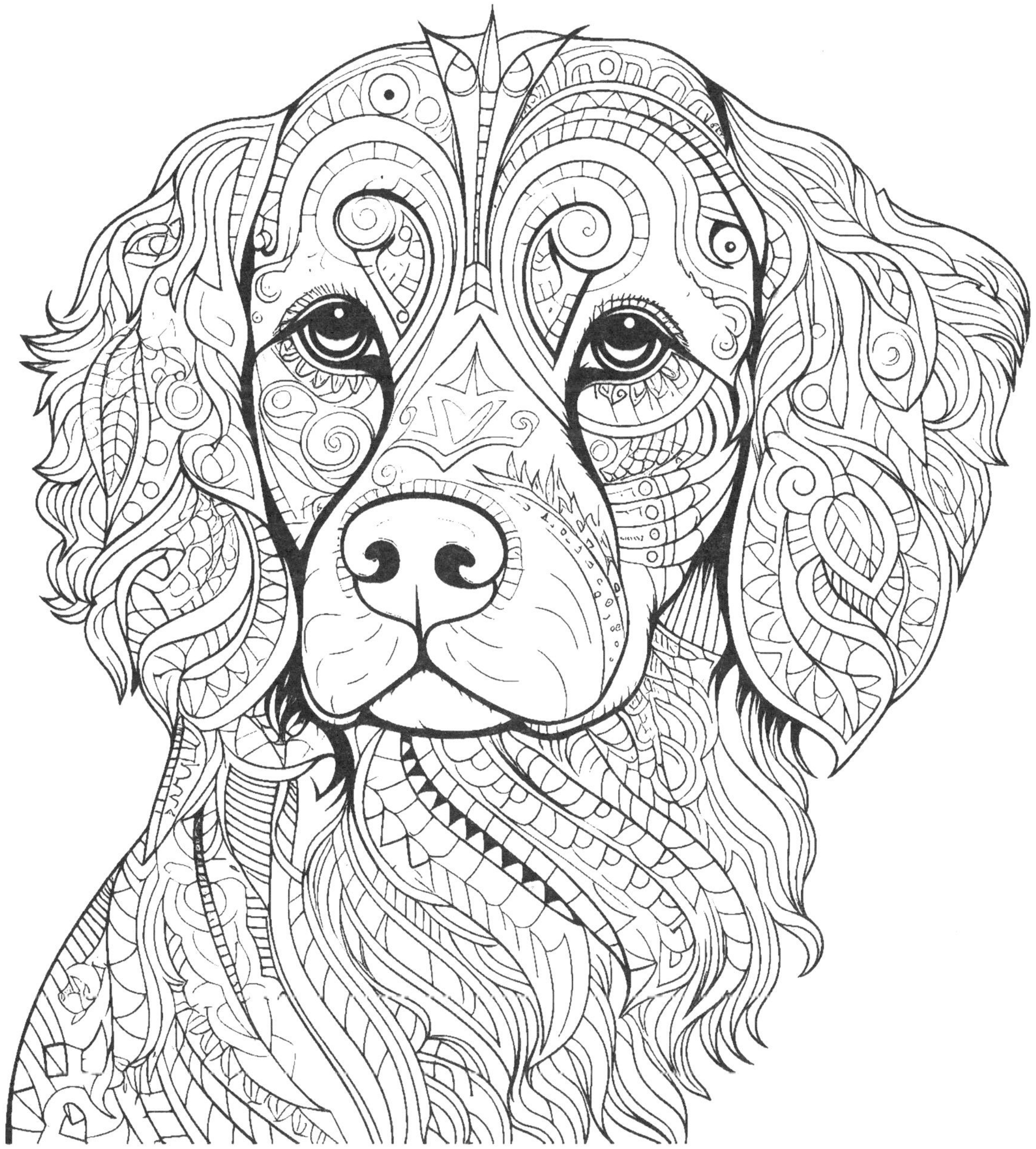

LIBRO DE COLOREAR PARA ADULTOS

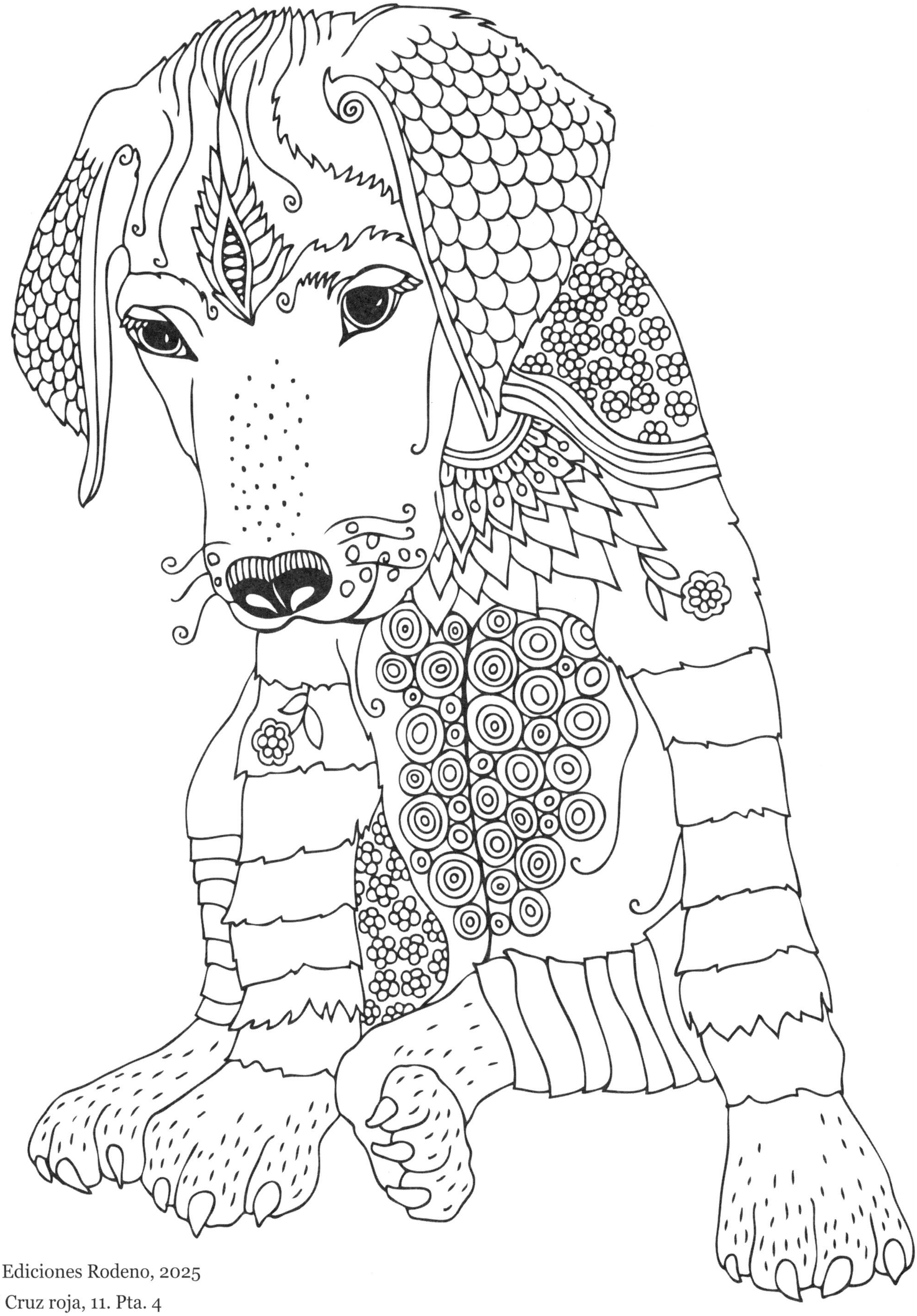


C/ Cruz roja, 11. Pta. 4
46400 Cullera (Valencia)
www.edicionesrodeno.com
ISBN: 978-84-128021-7-7

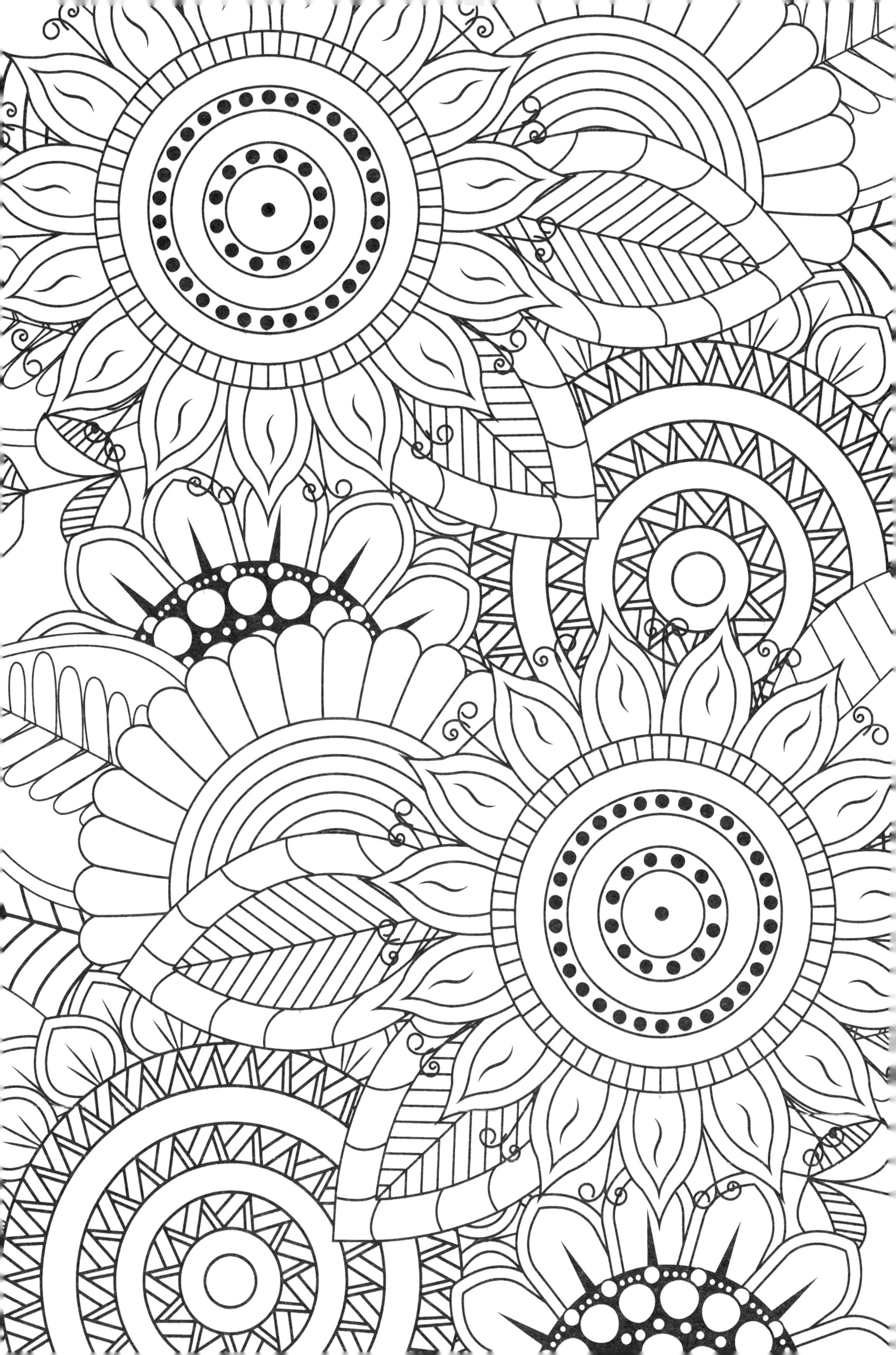

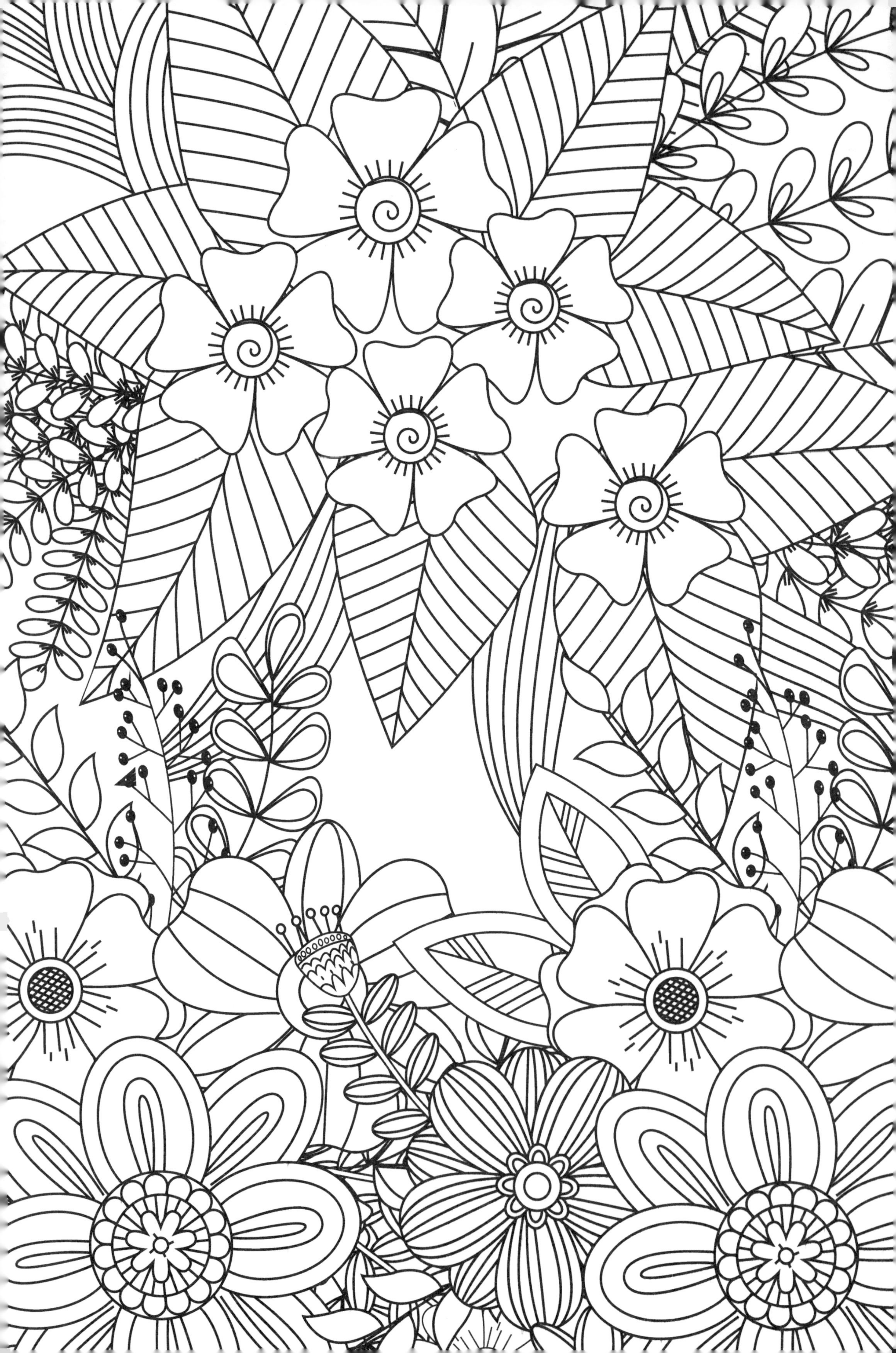

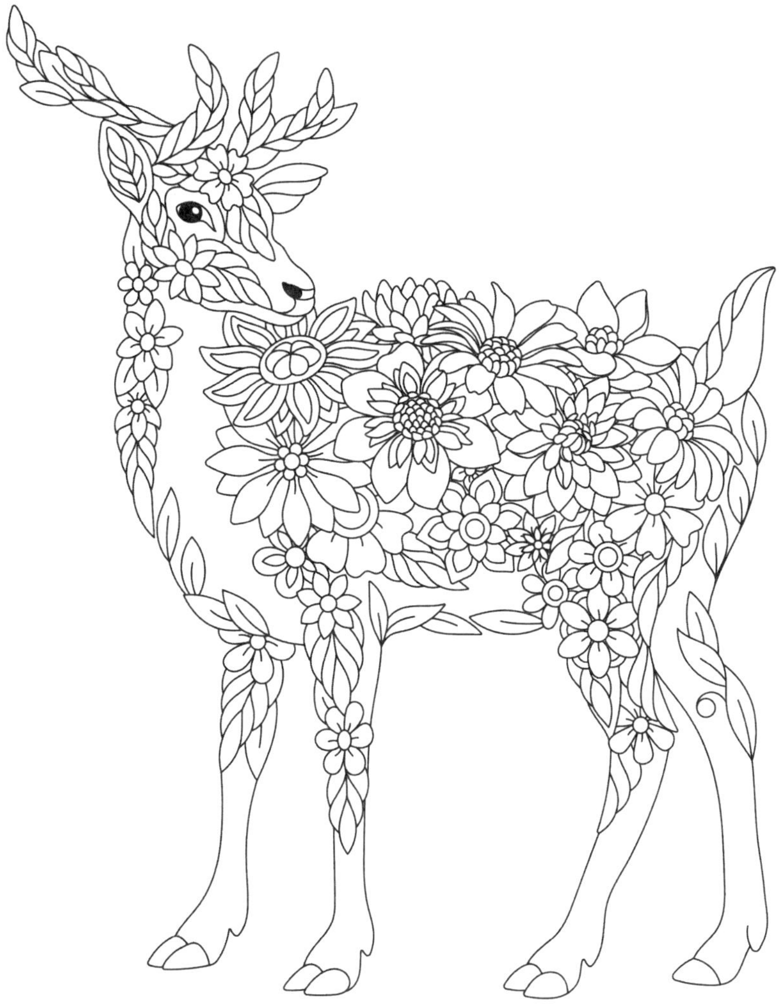

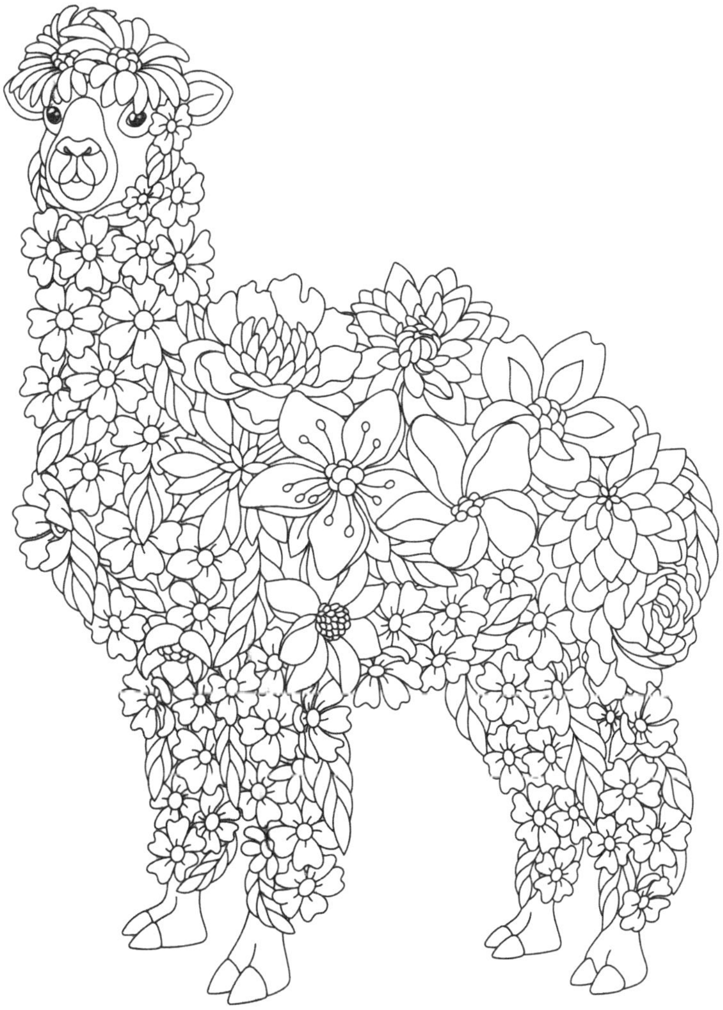

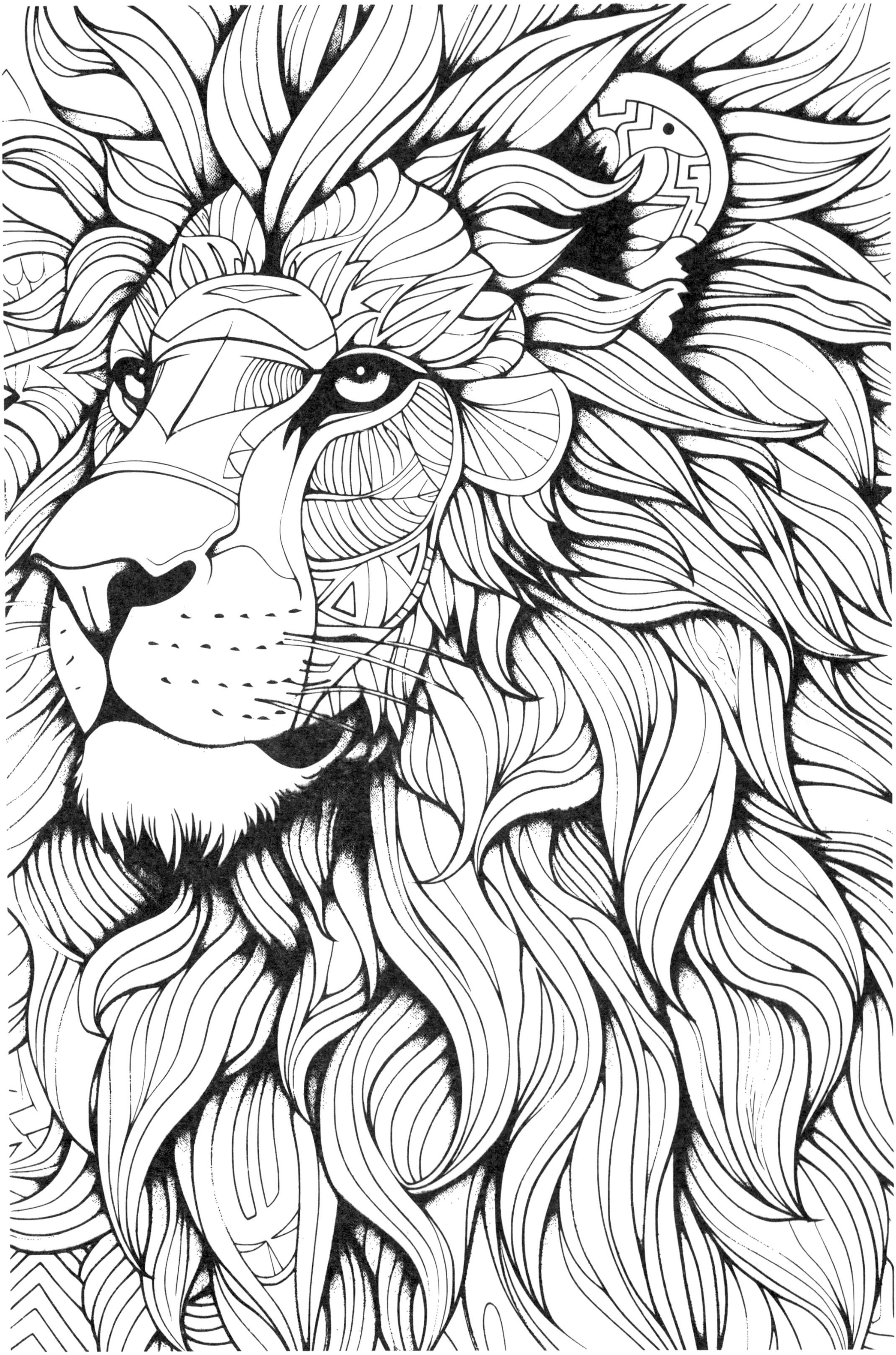

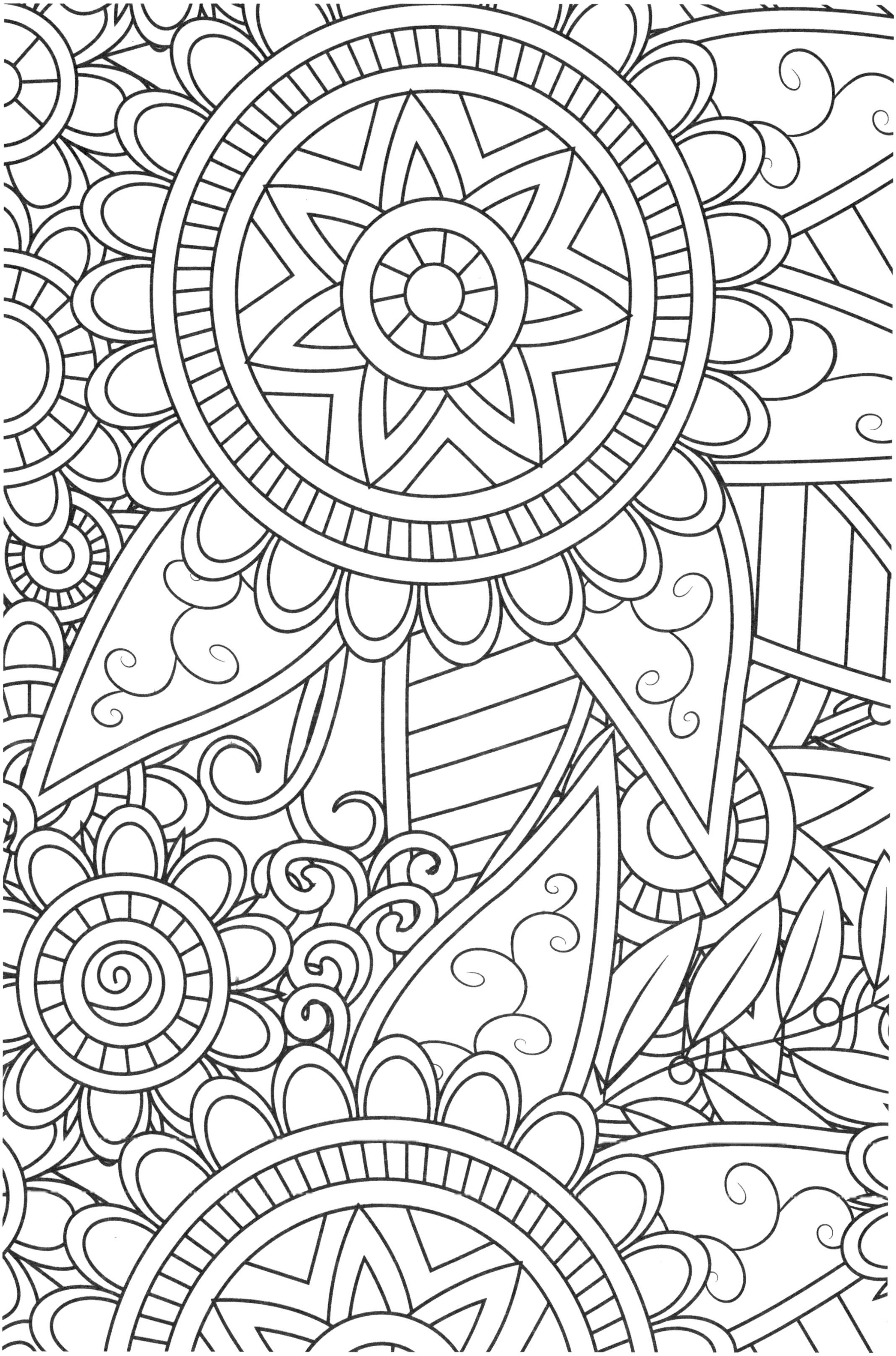

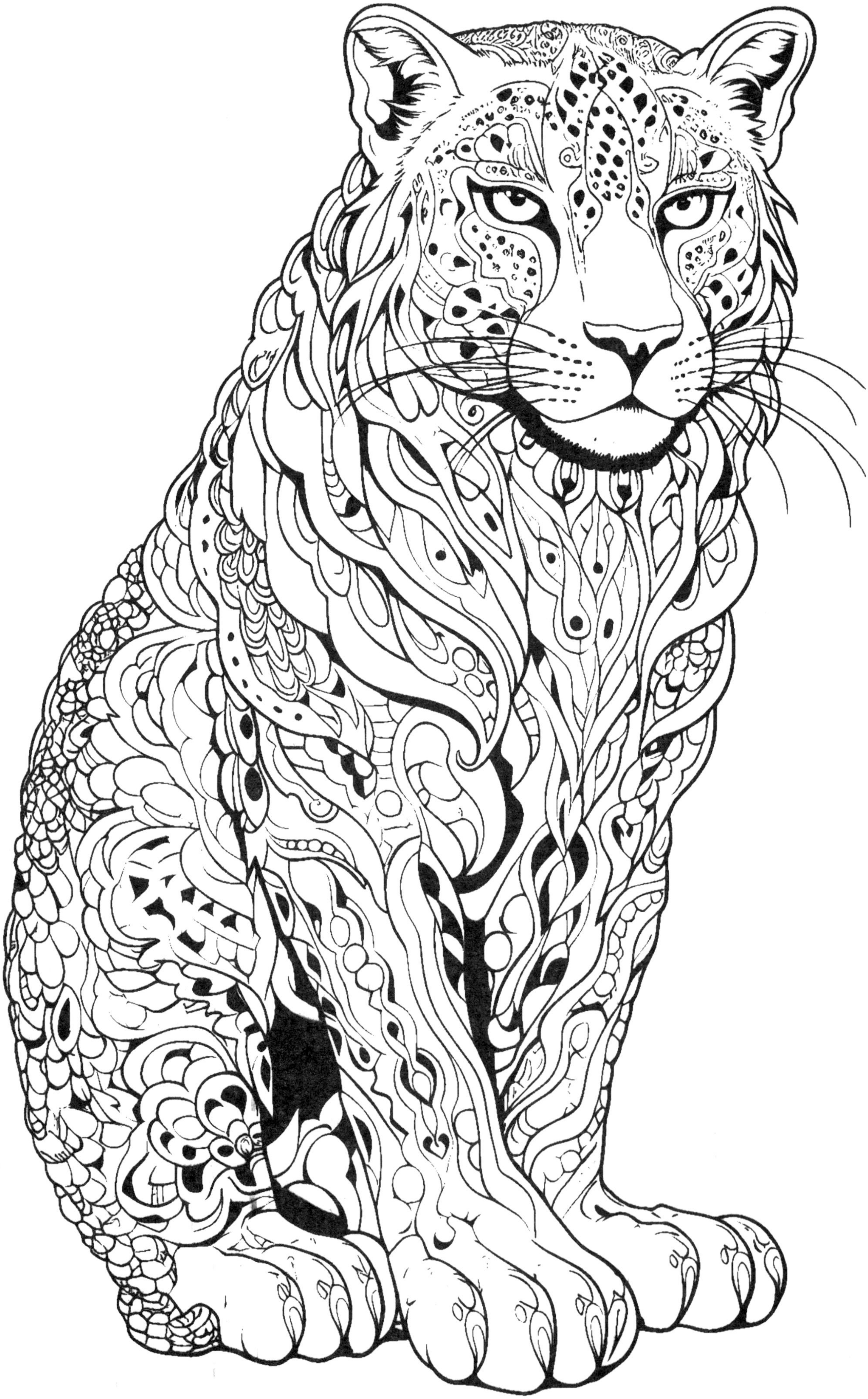

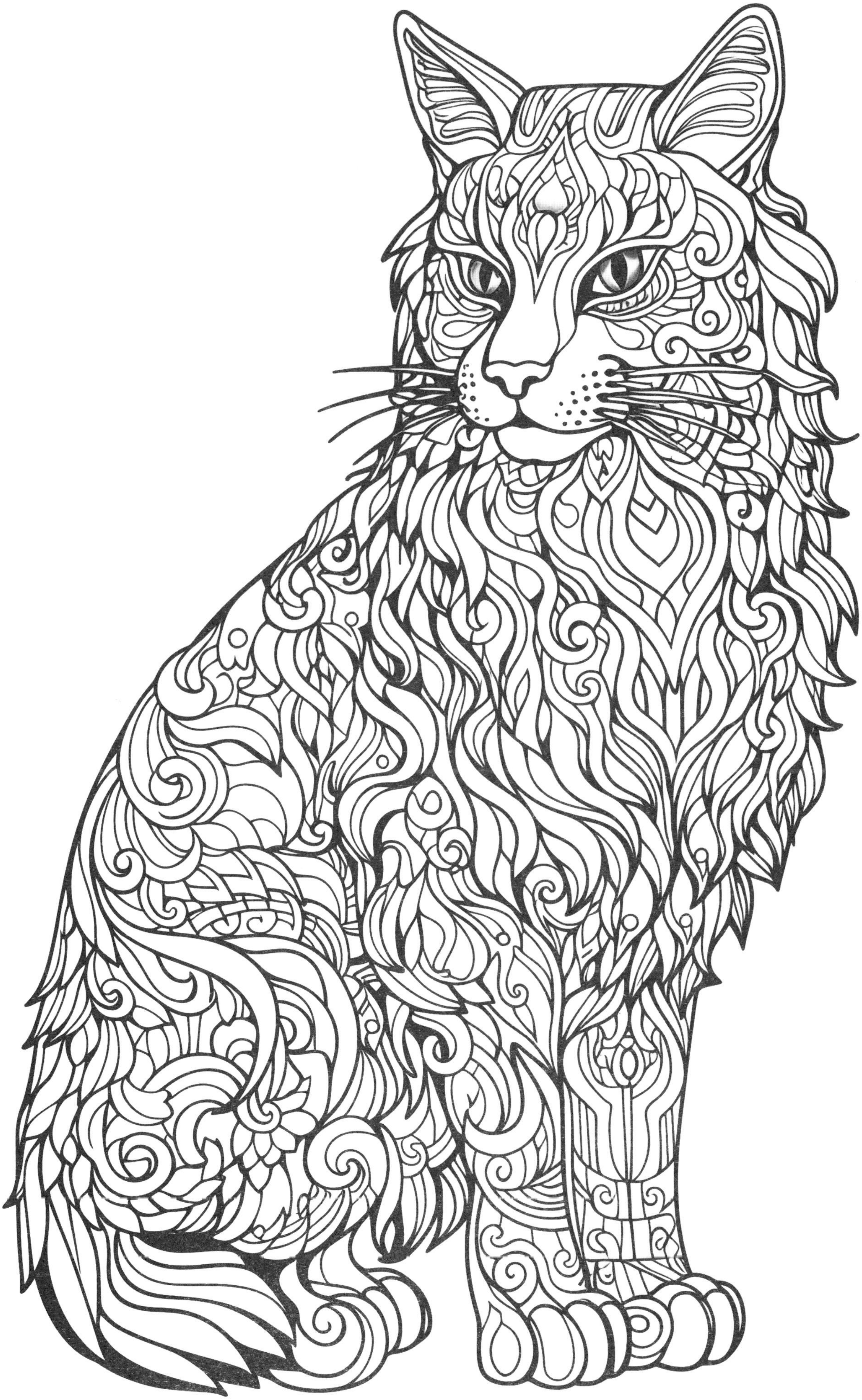

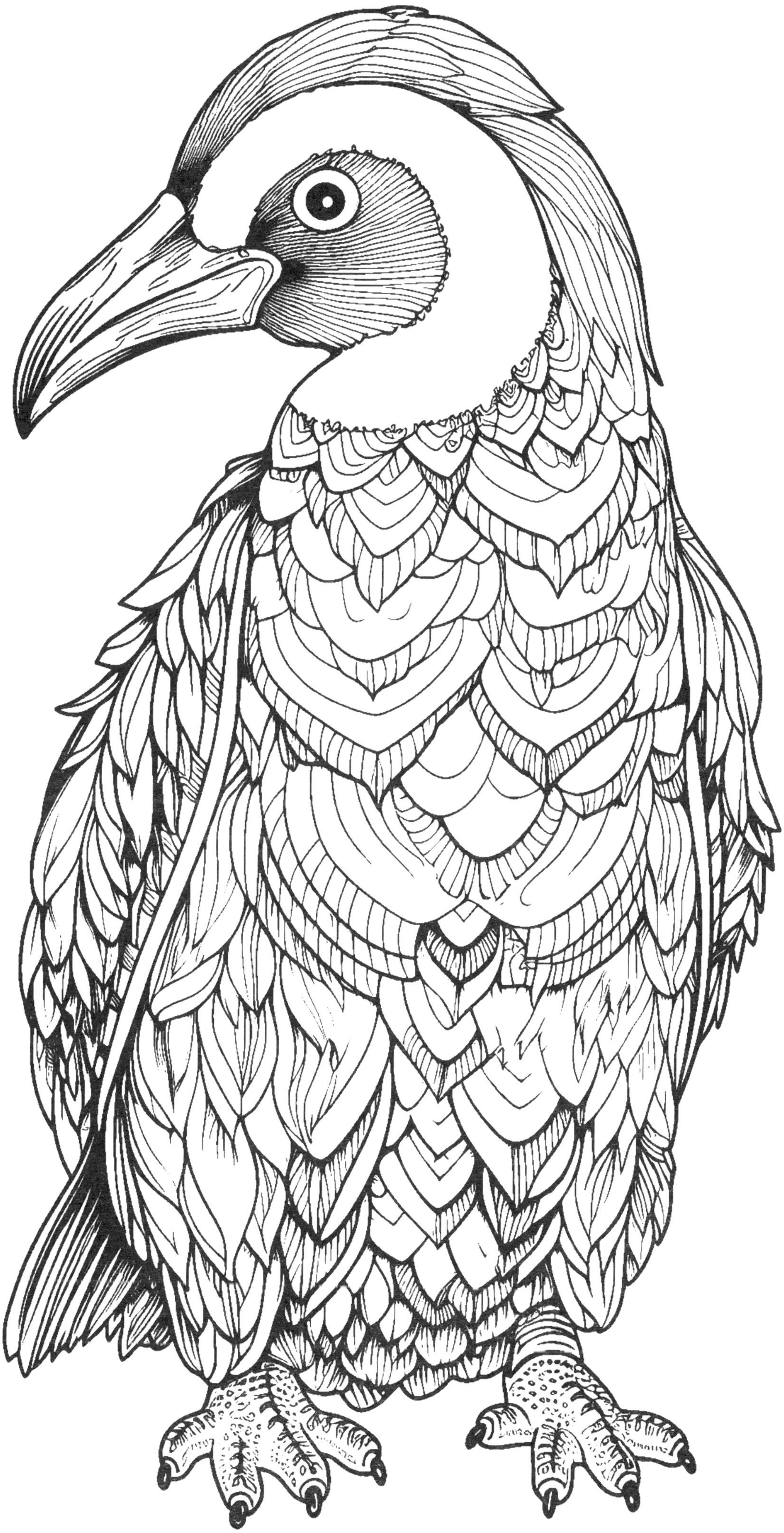

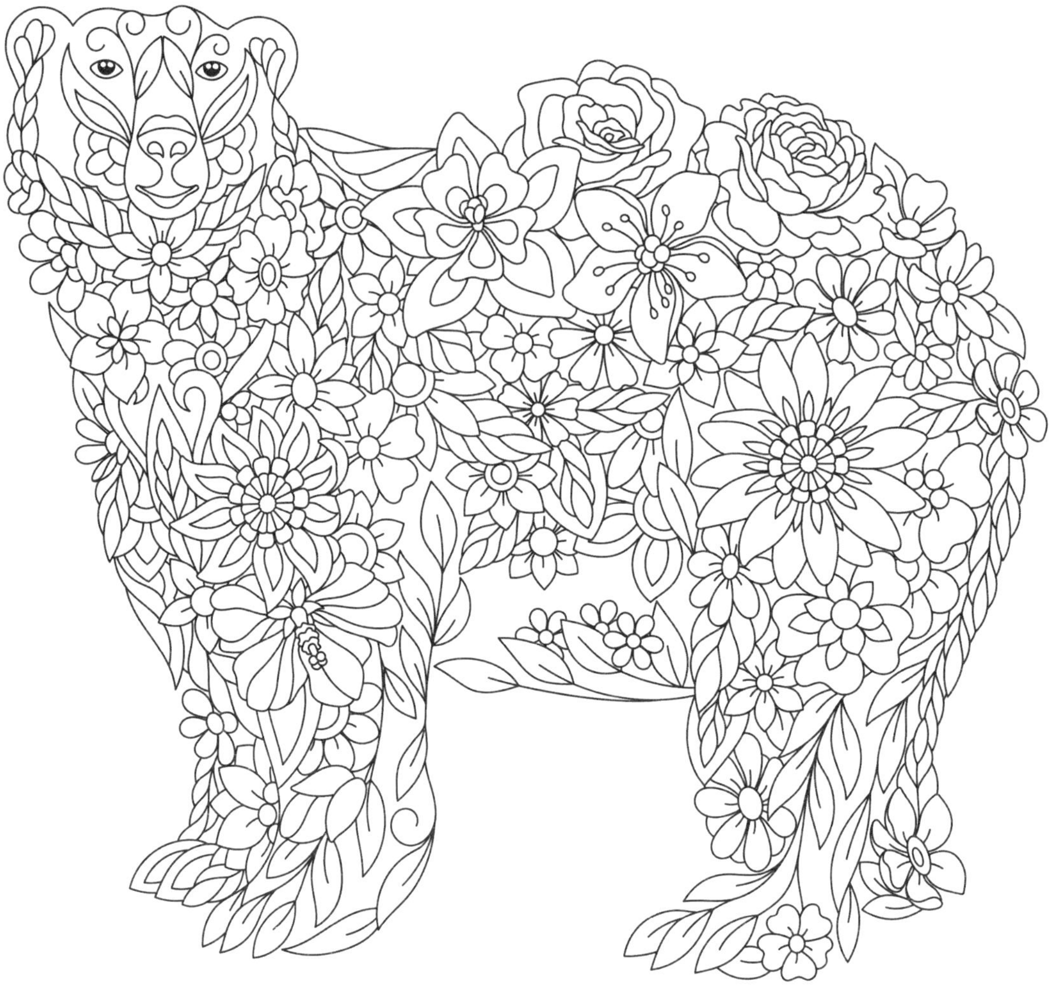

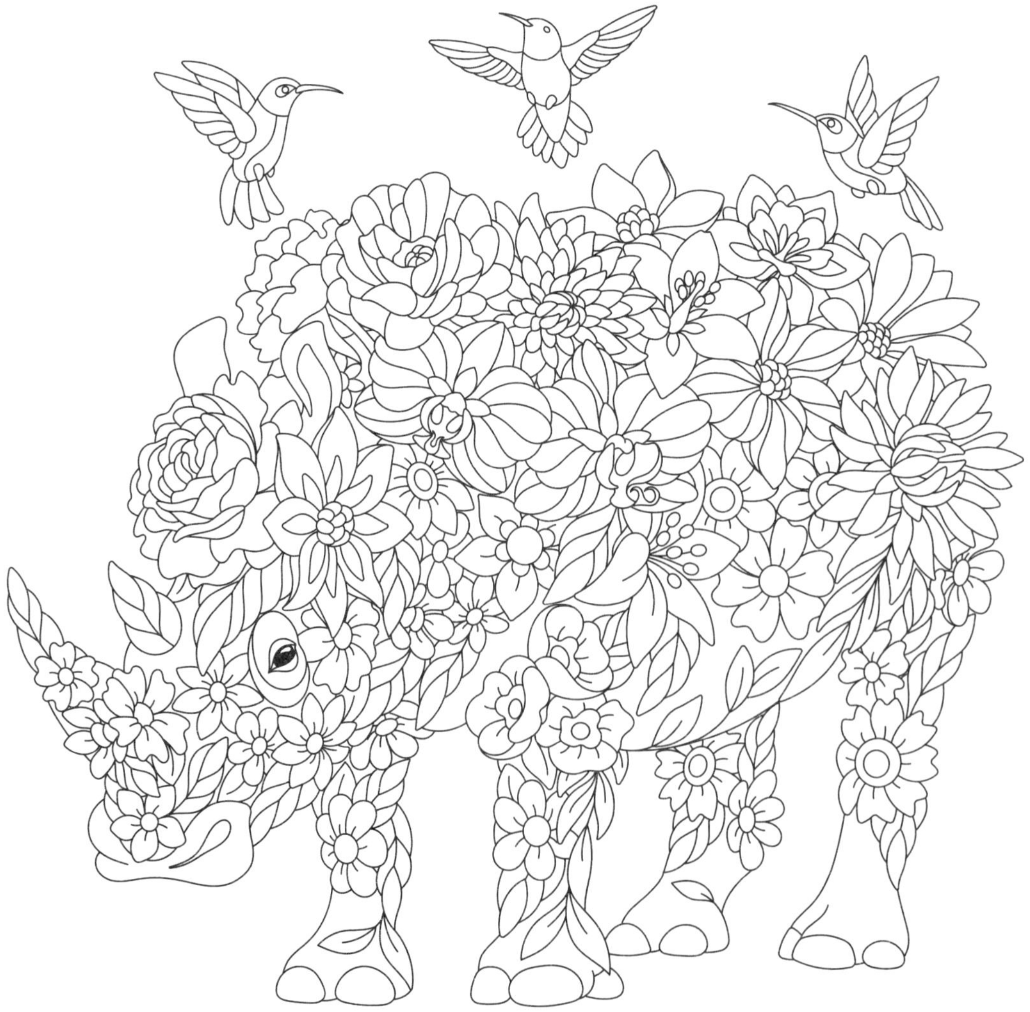

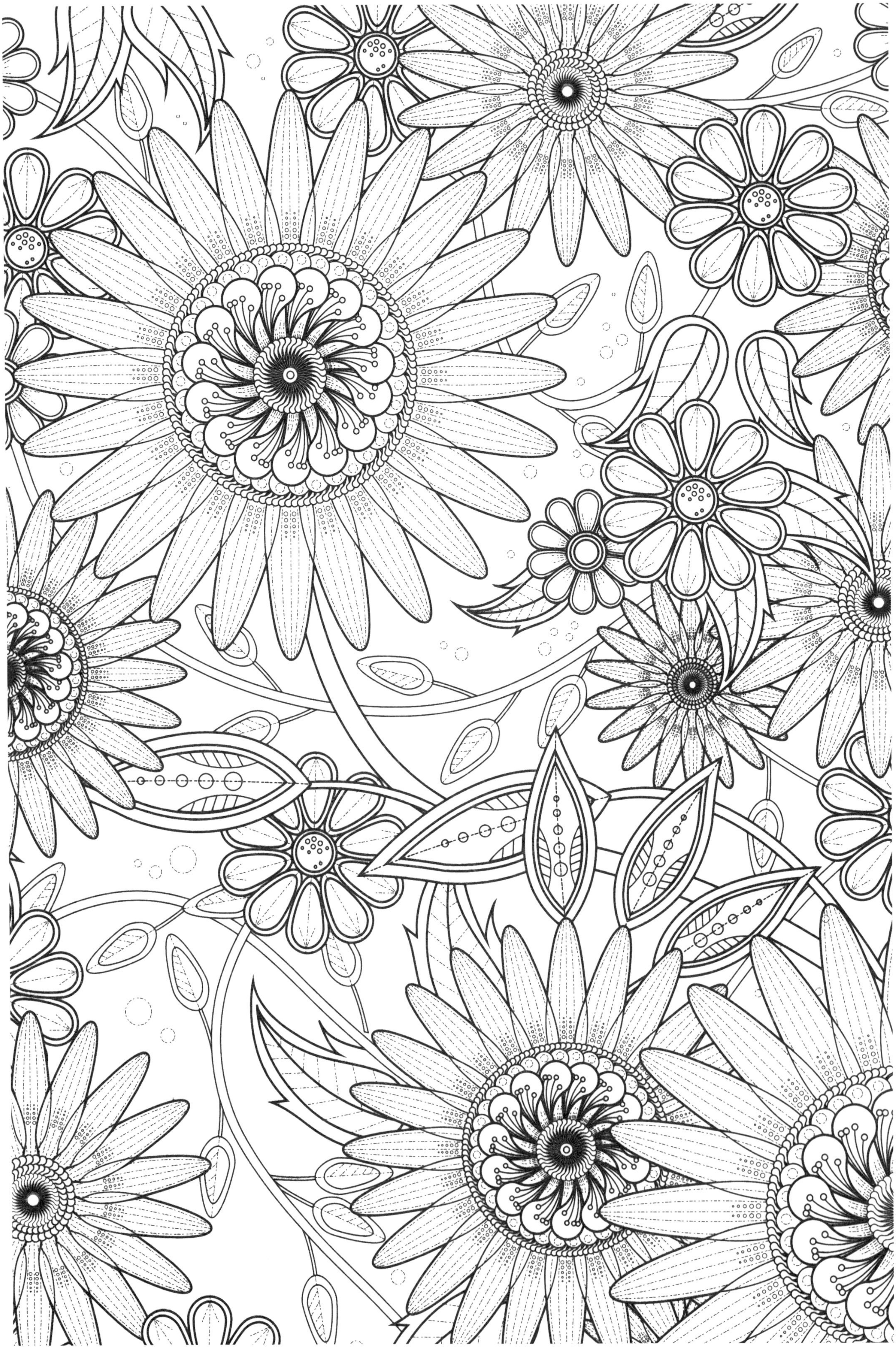

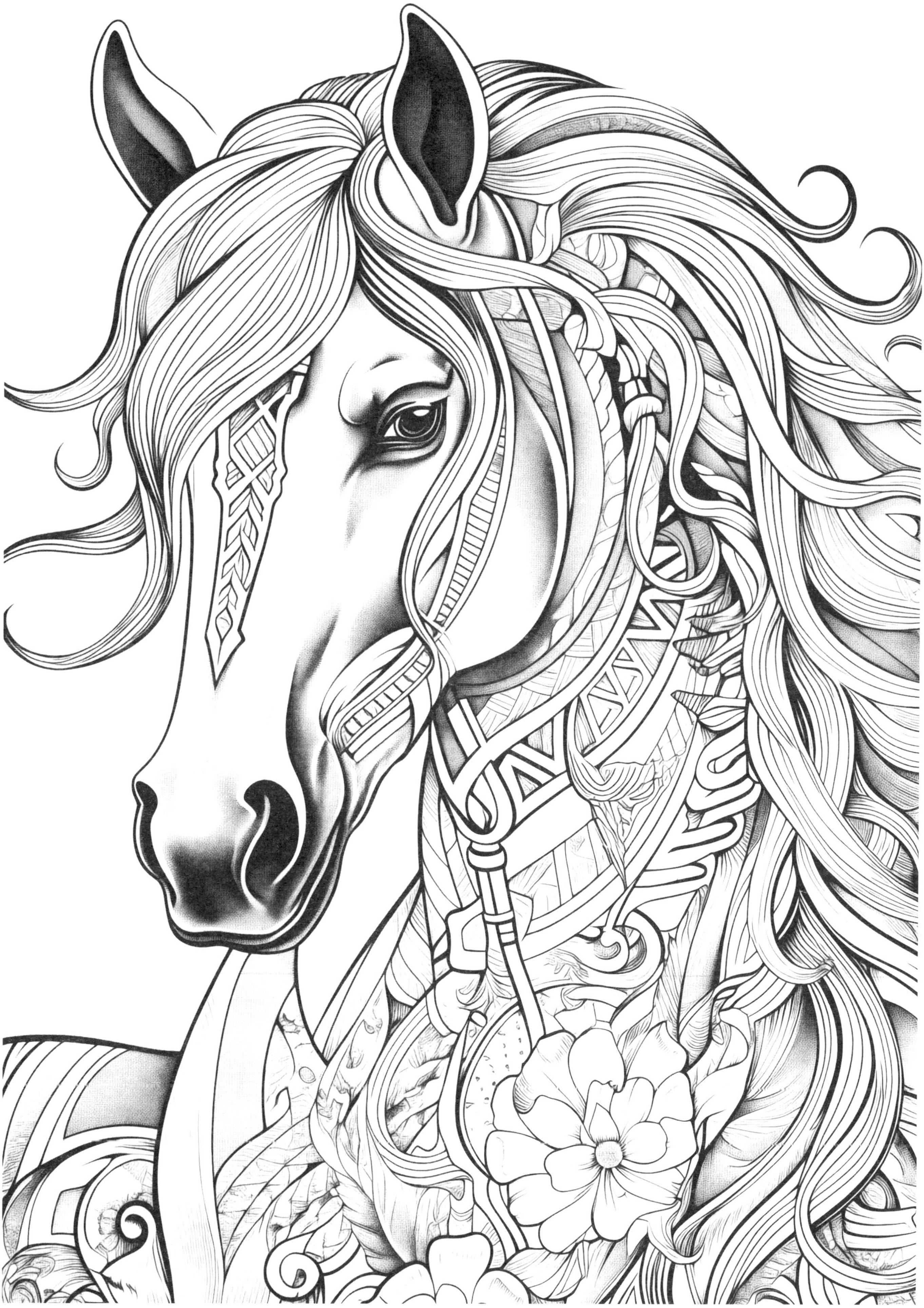

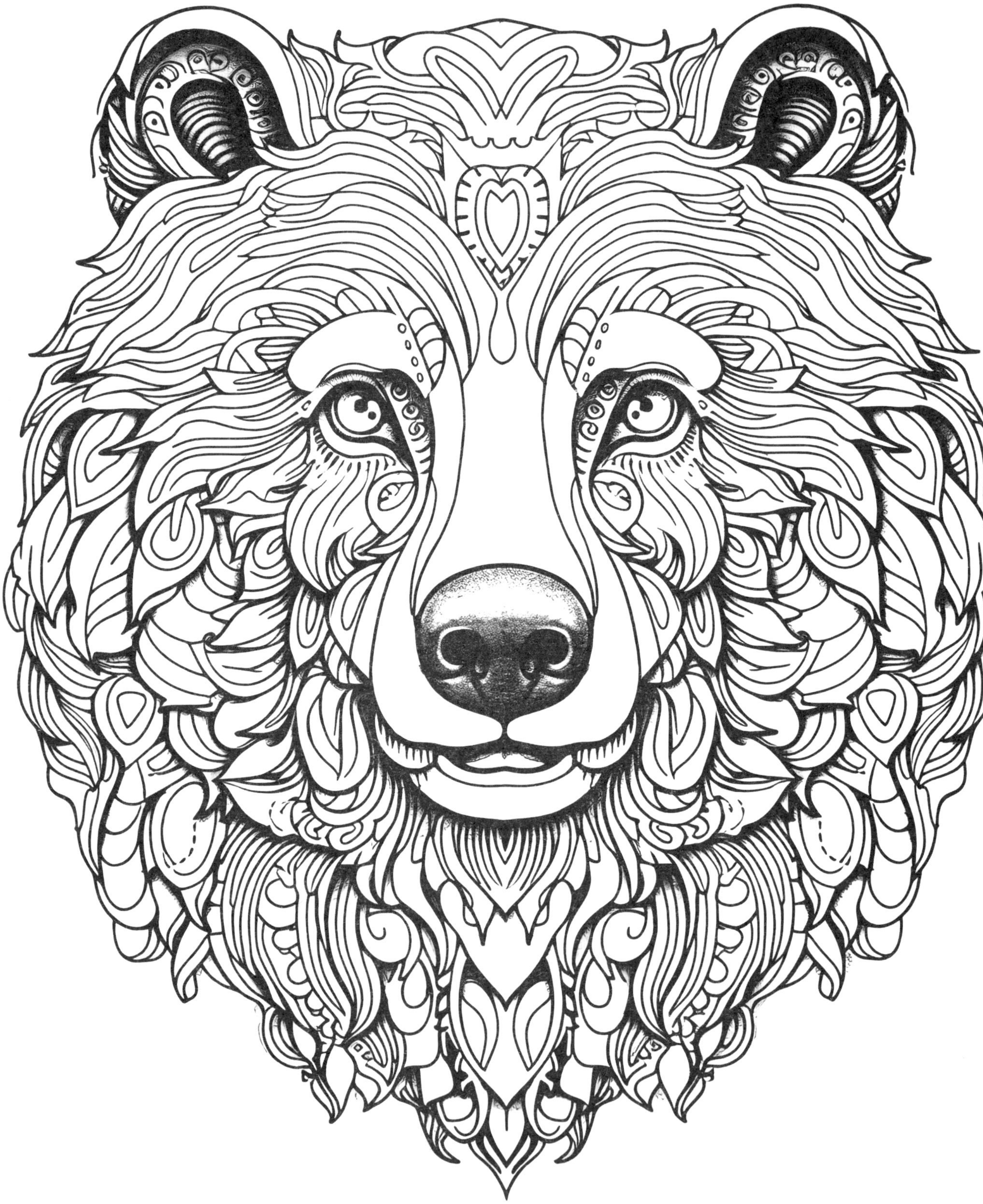

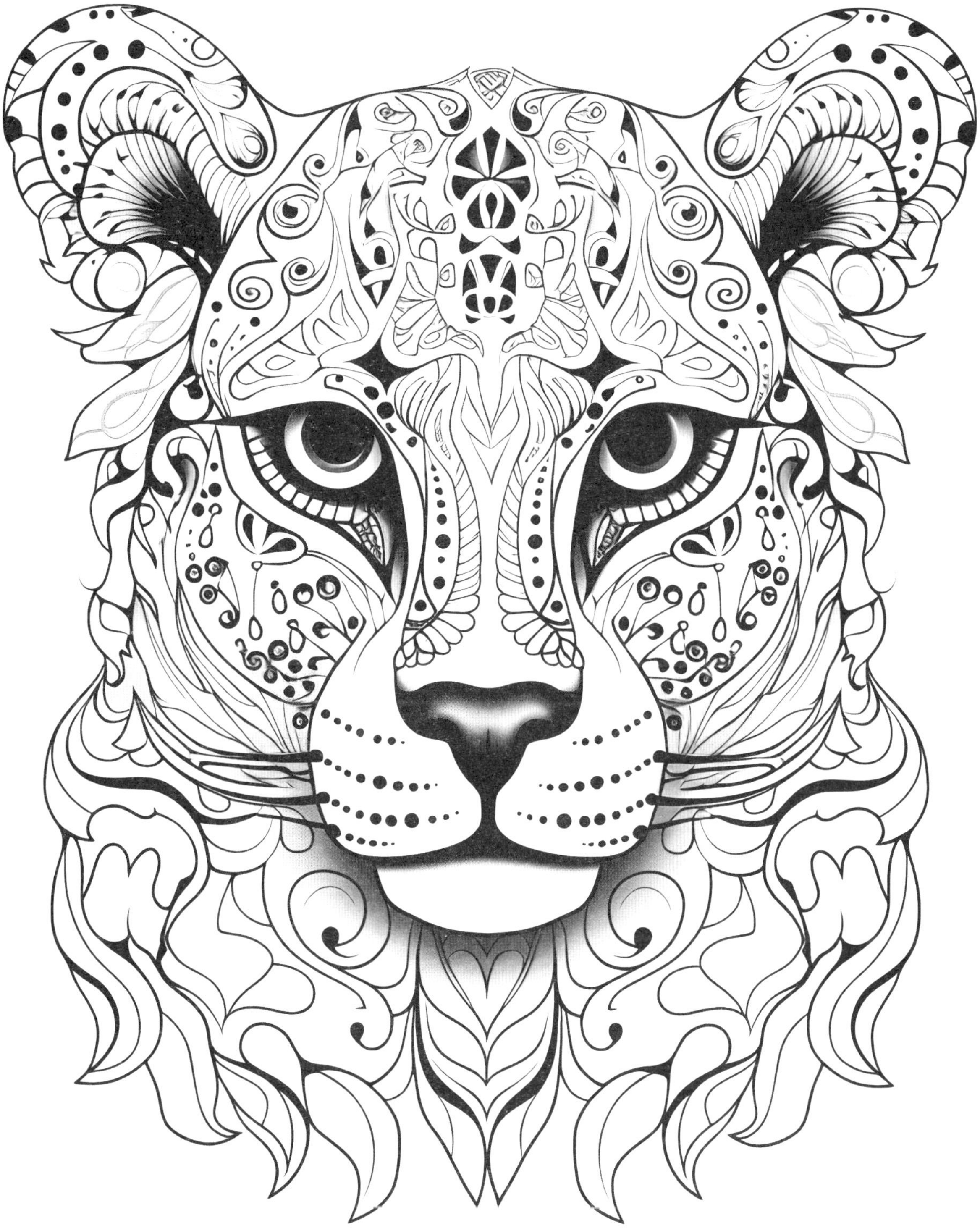

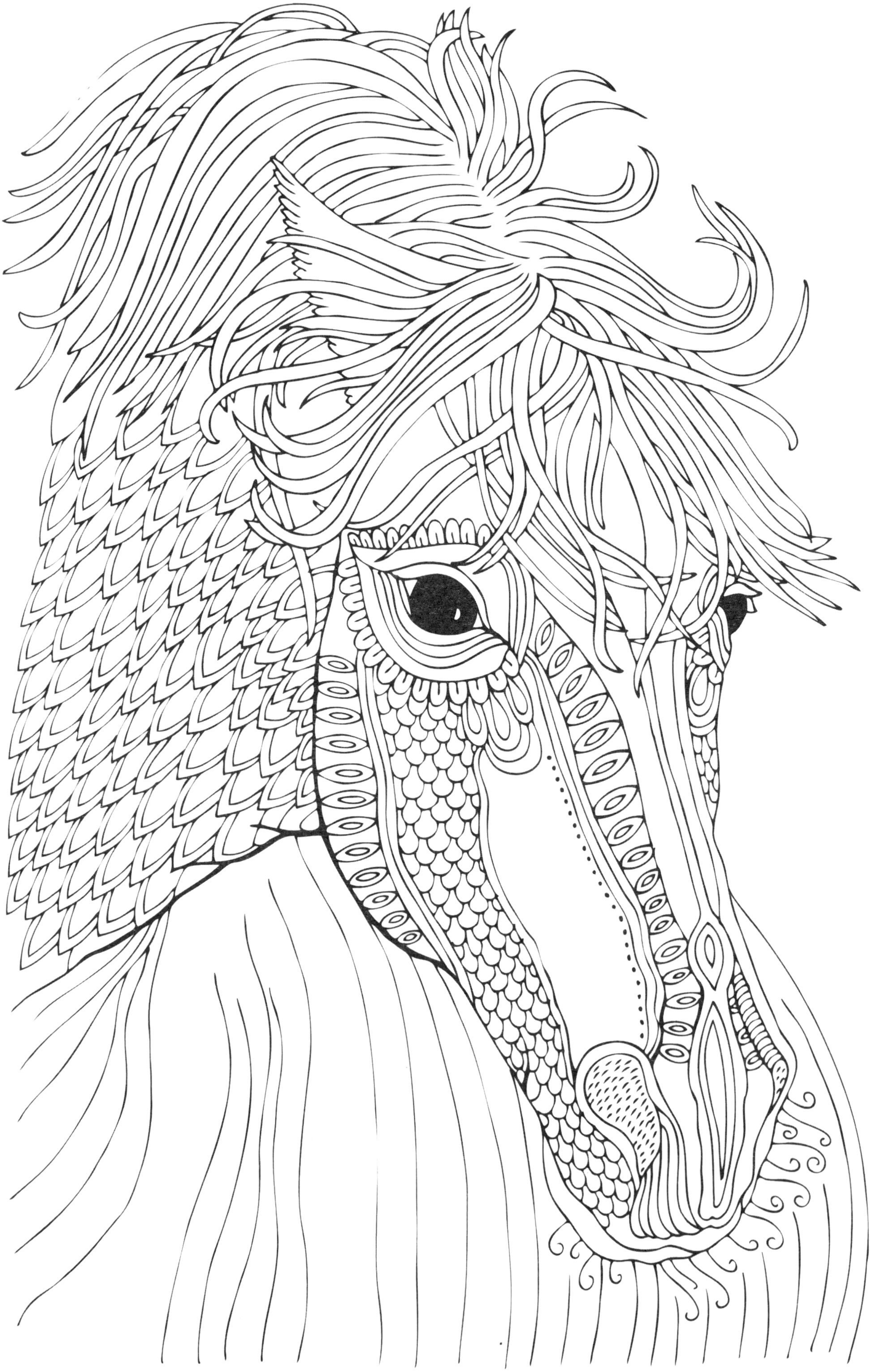

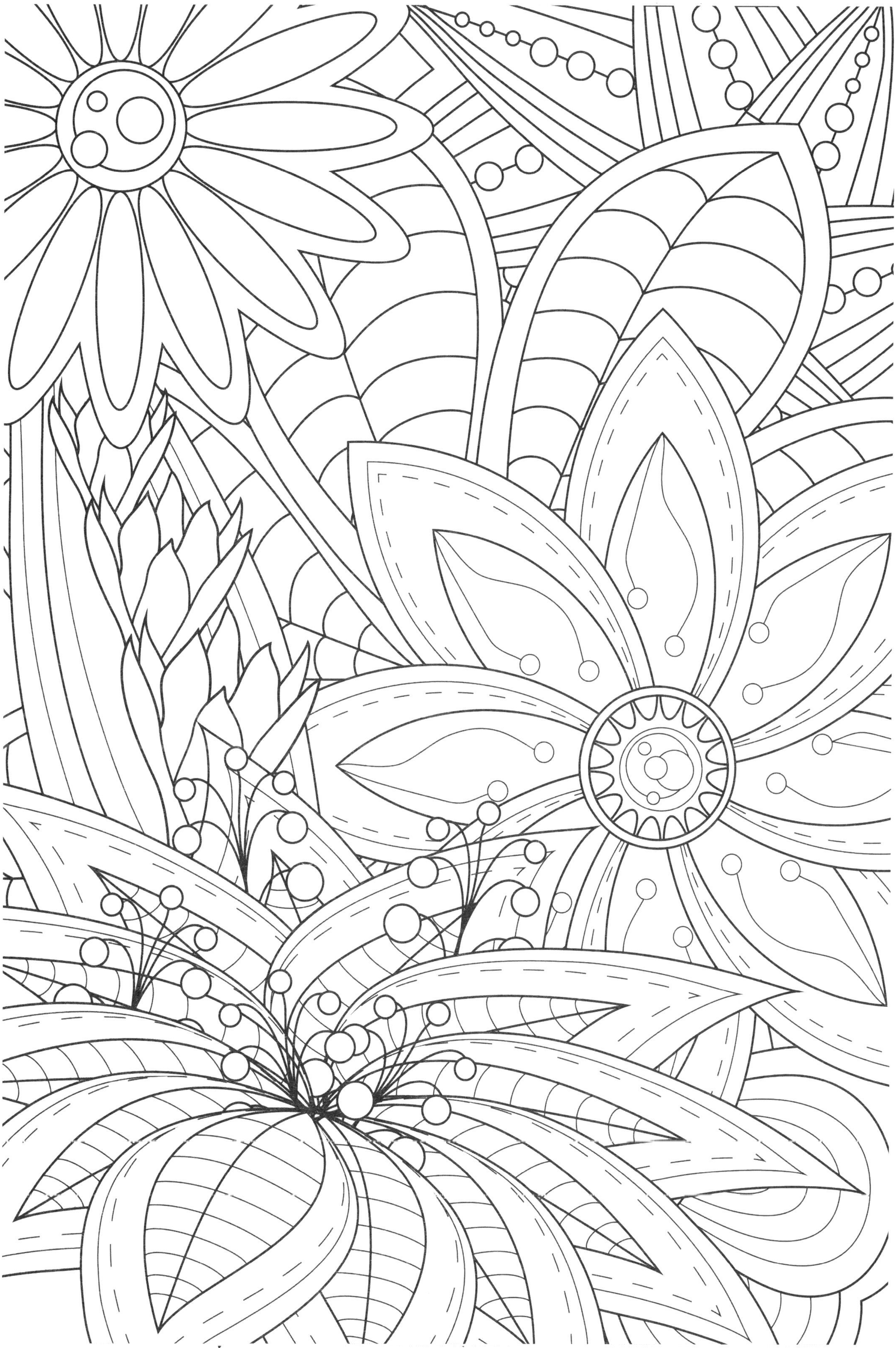

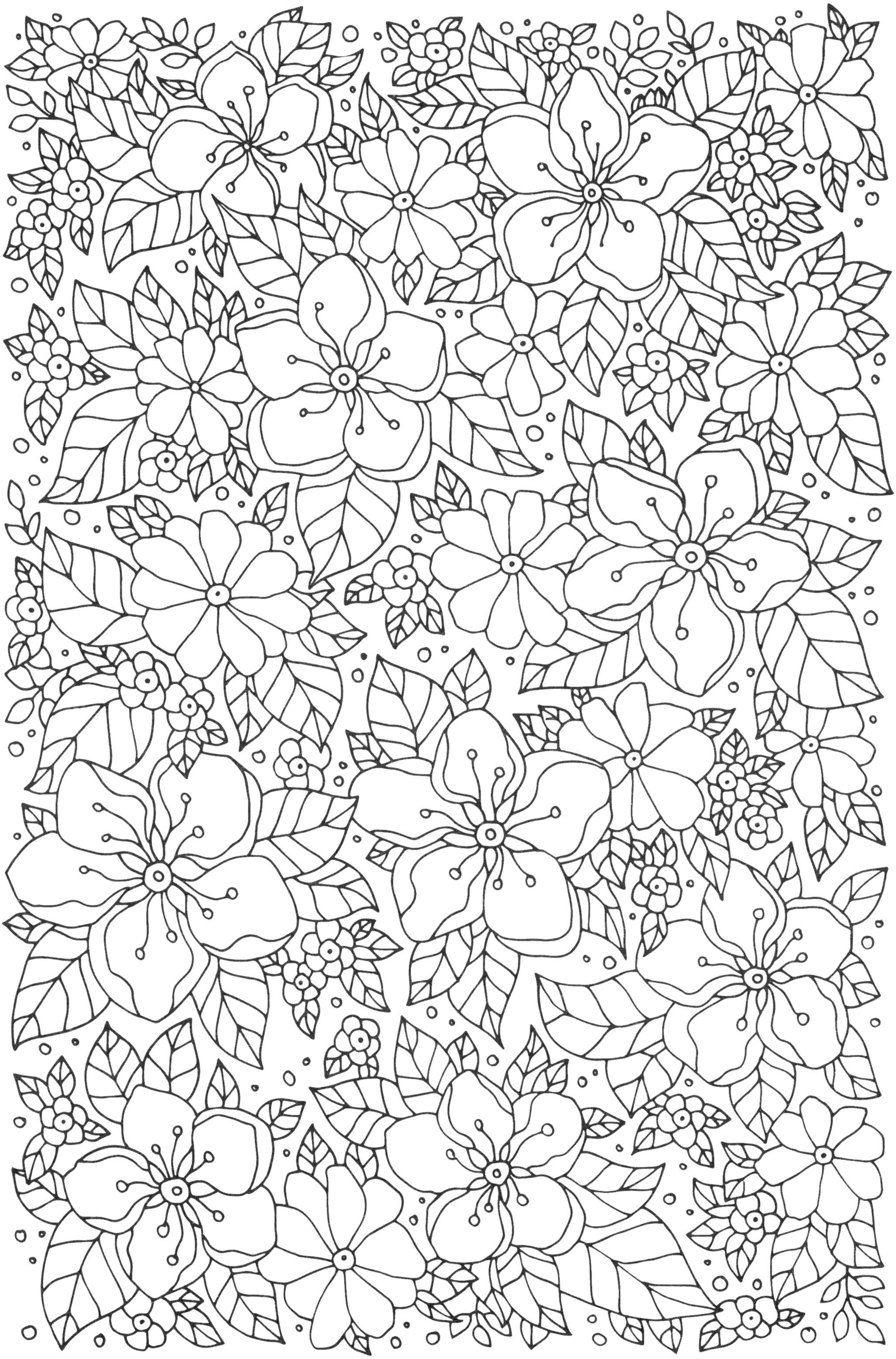

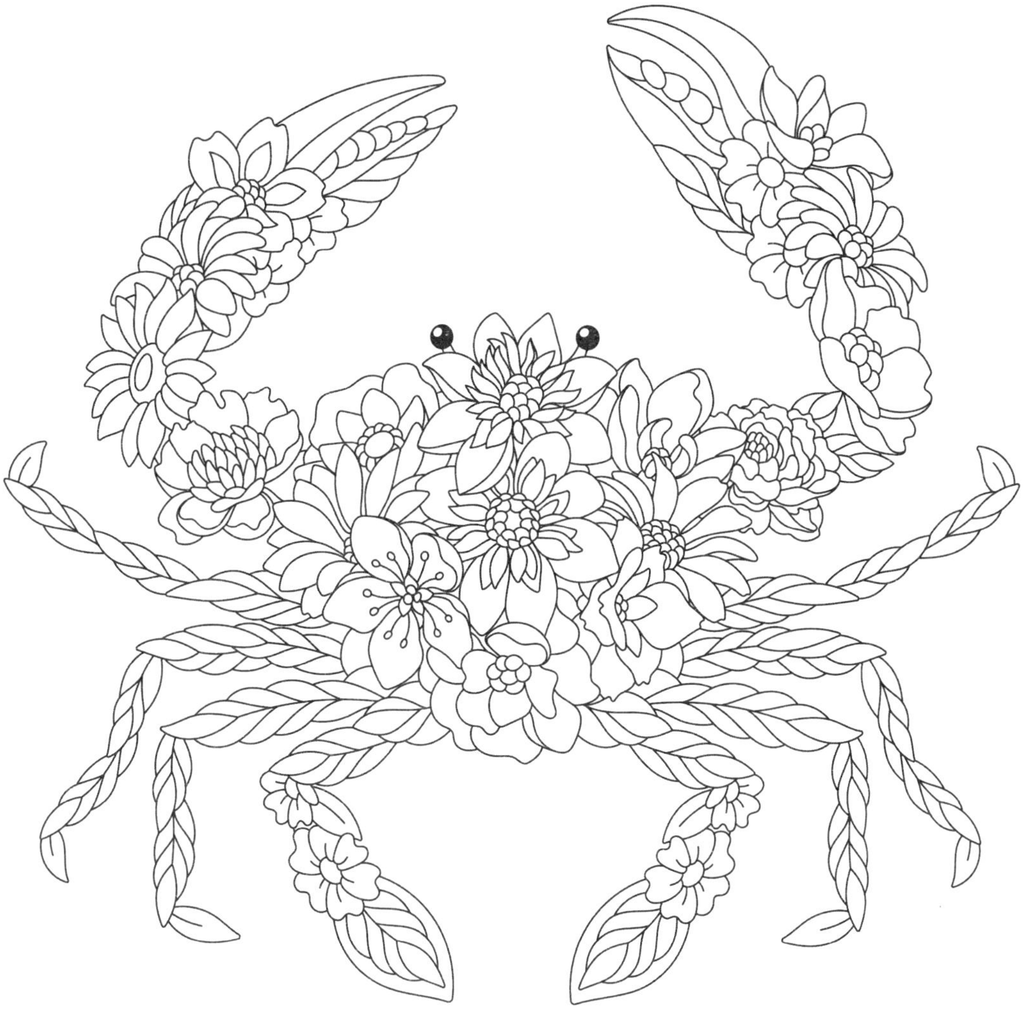

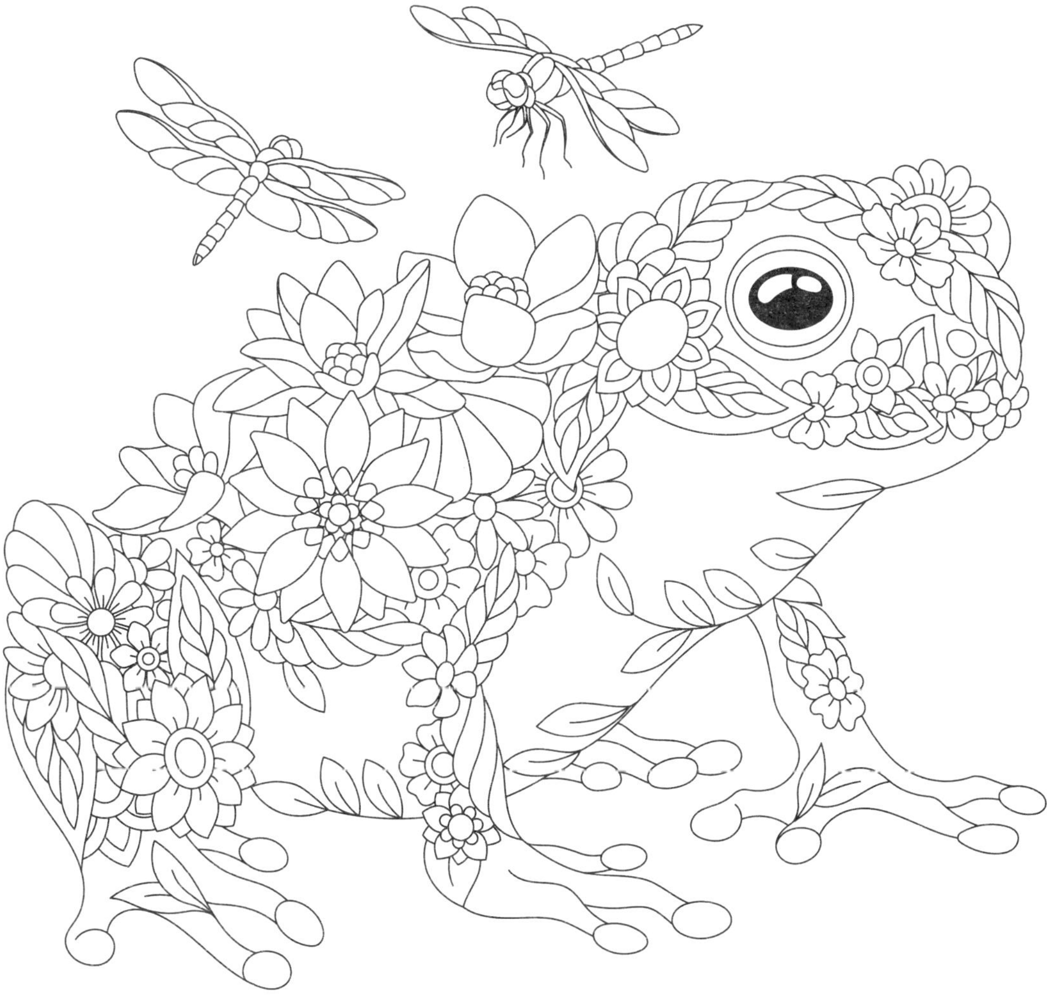

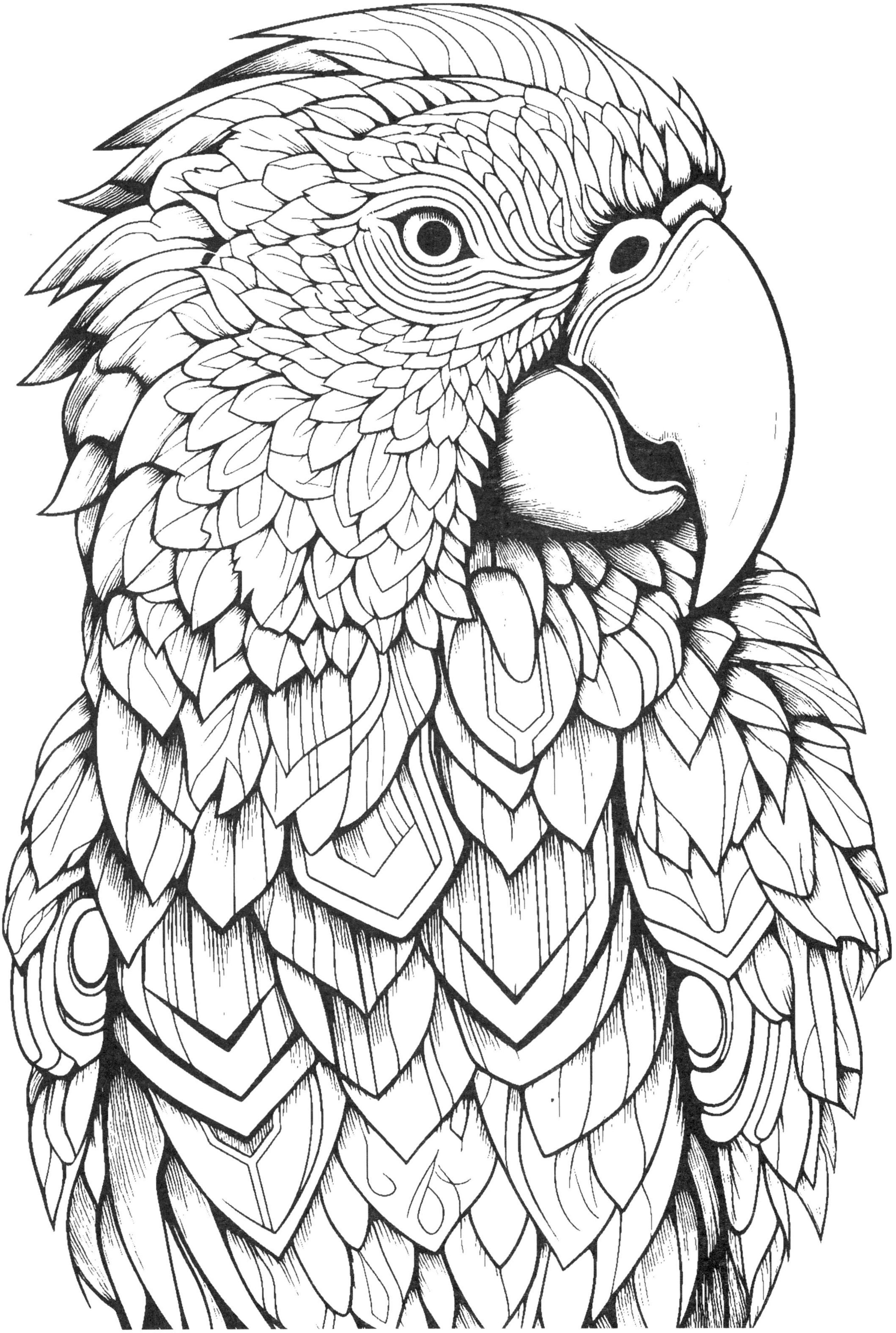

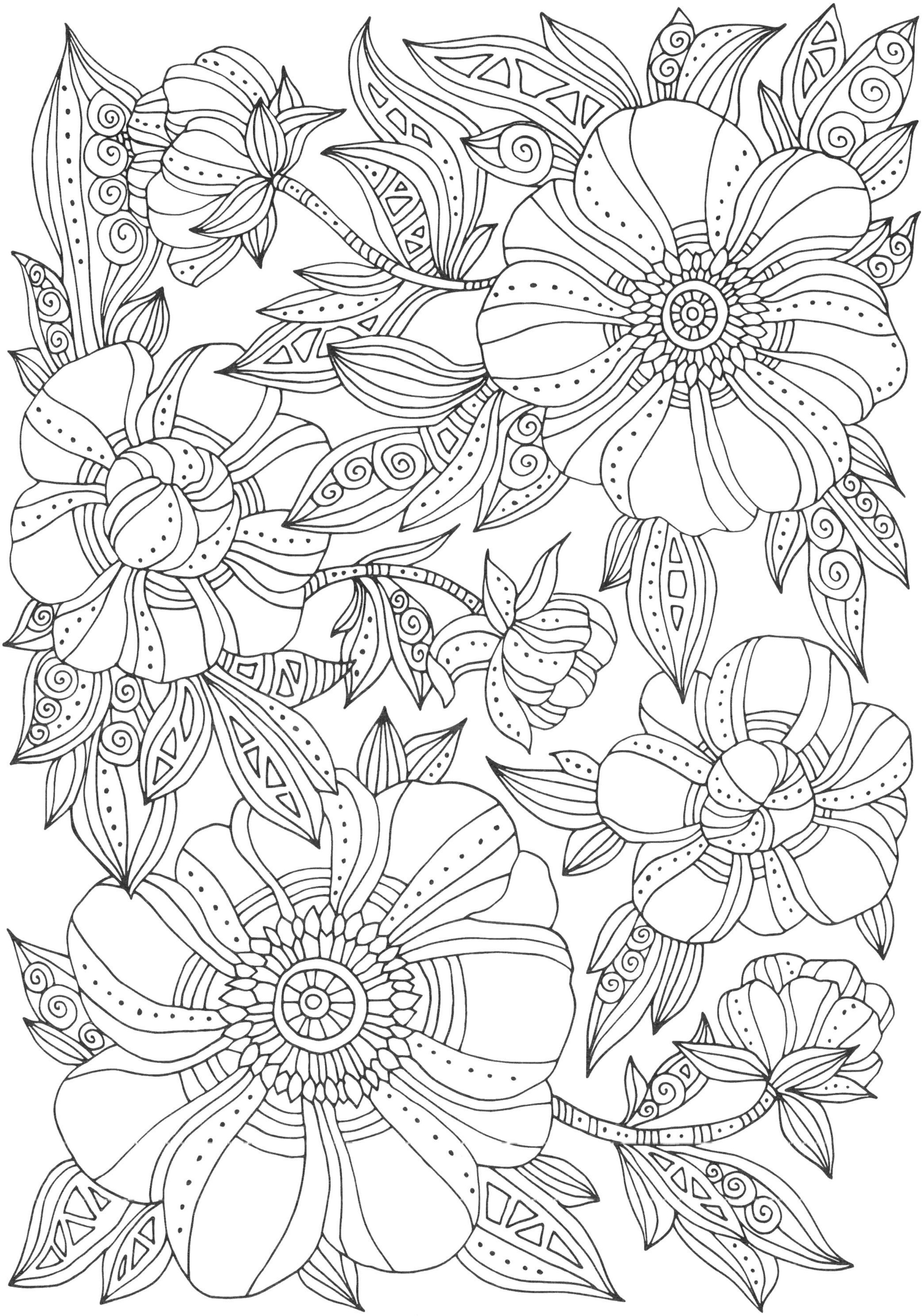

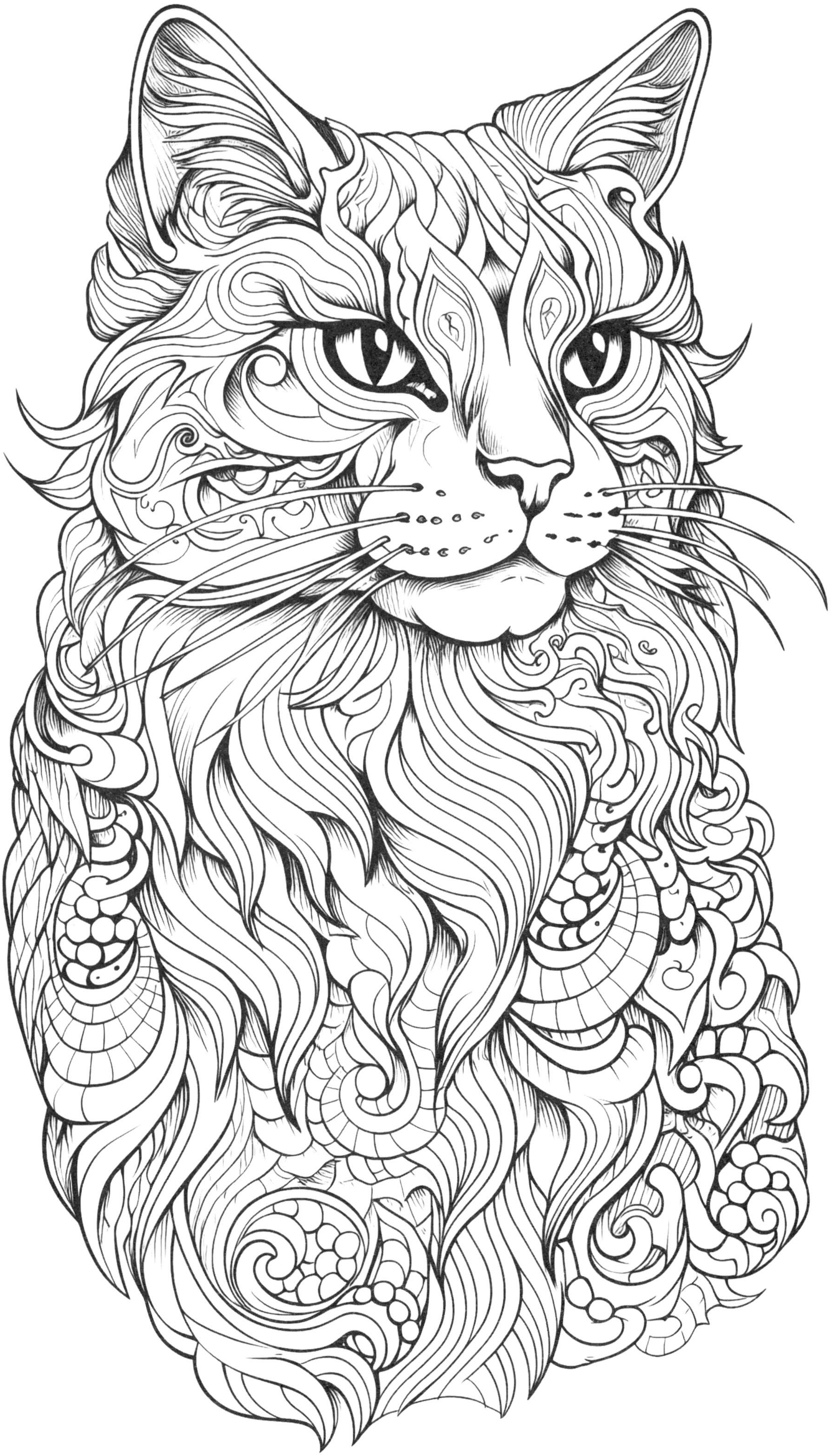

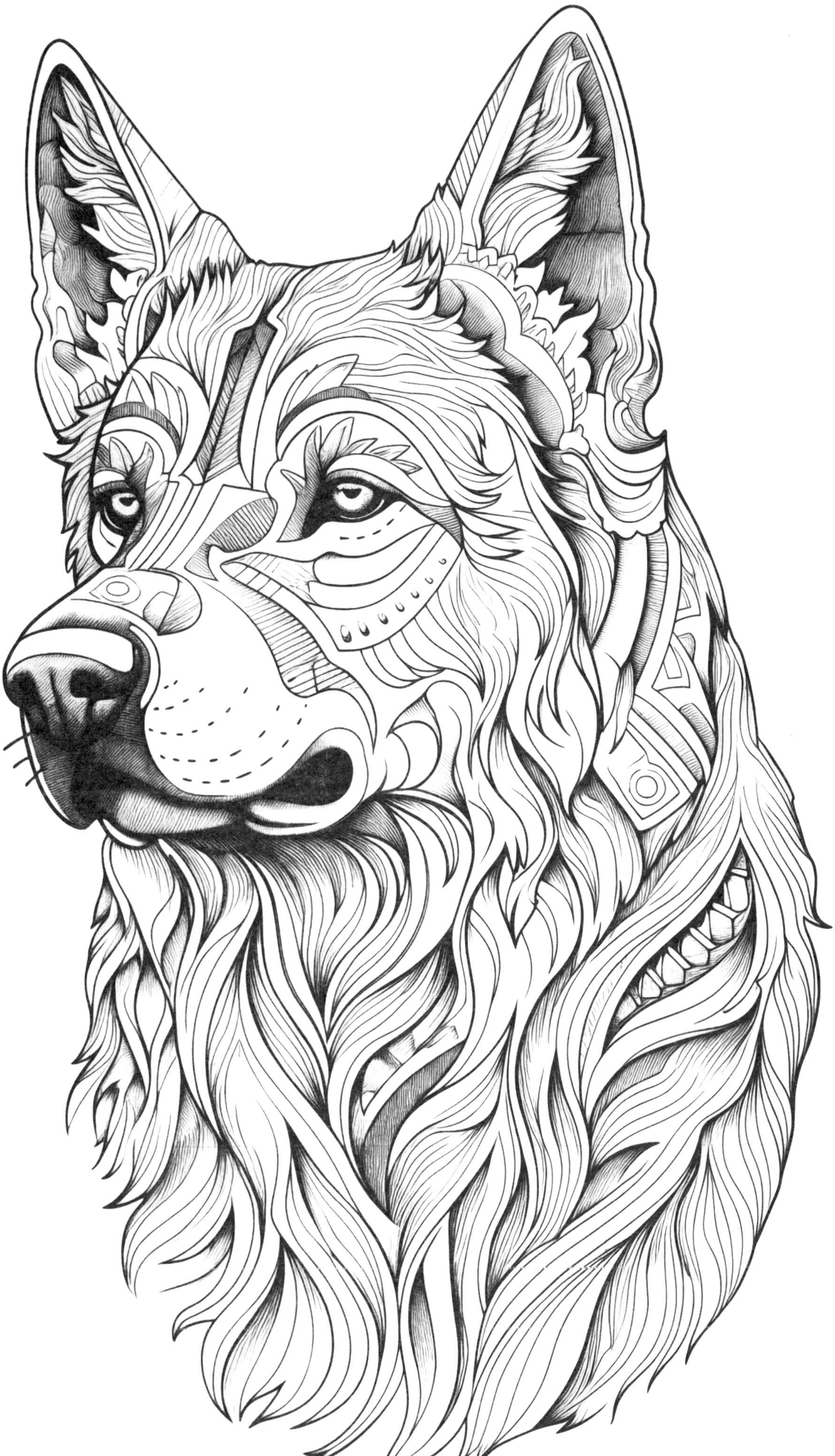

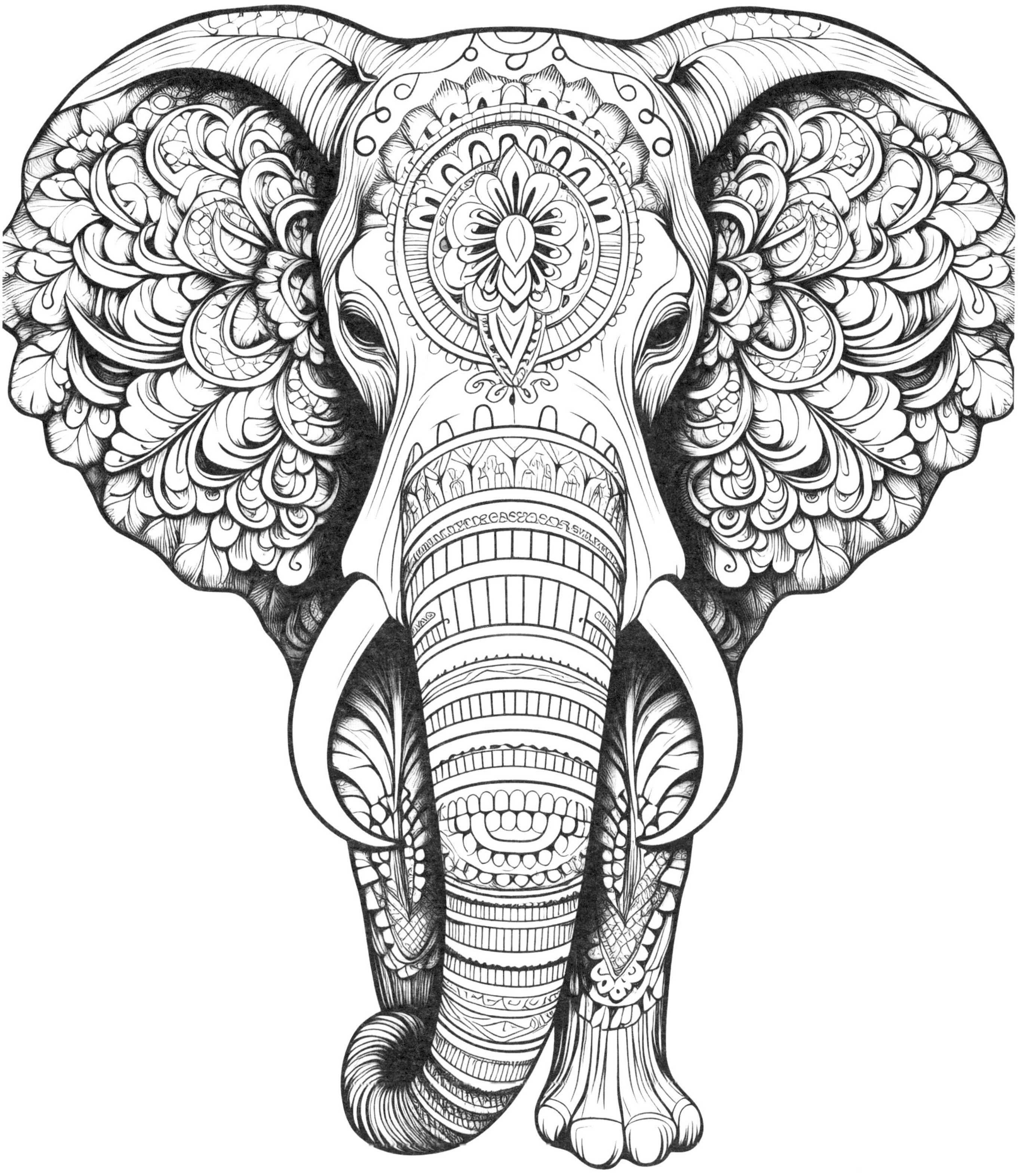

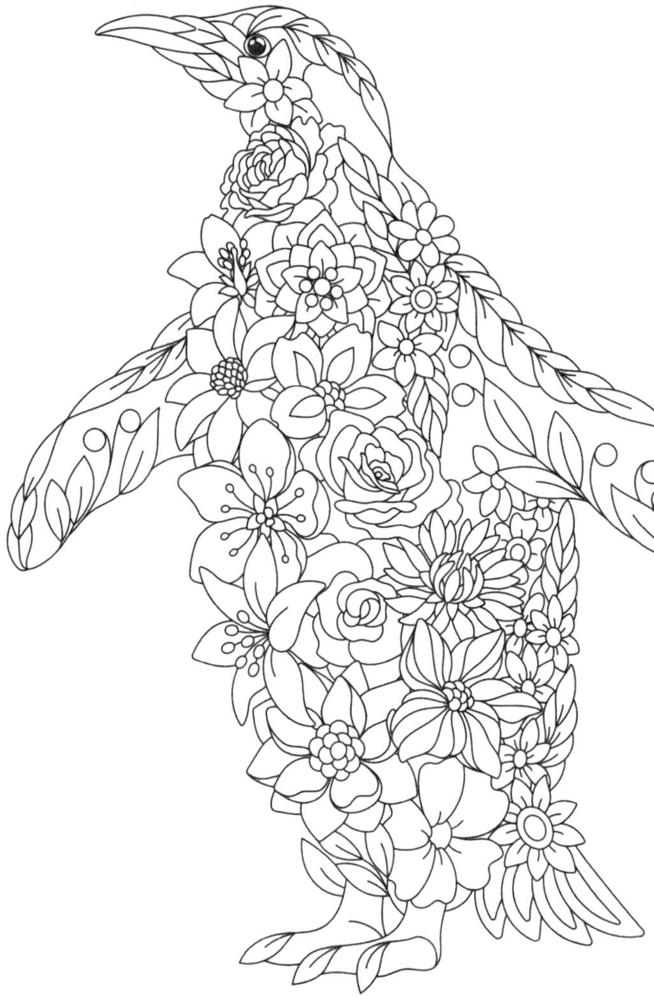

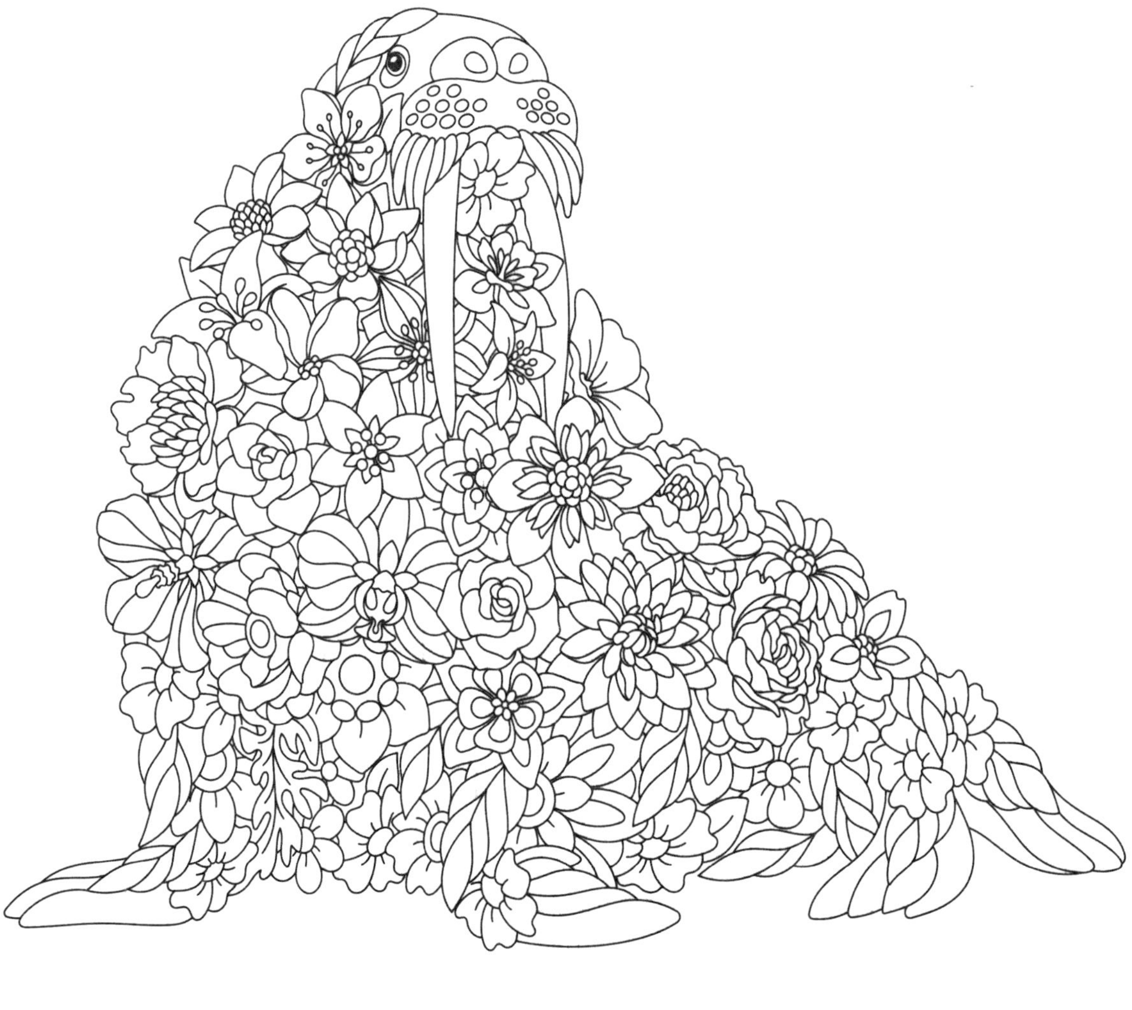

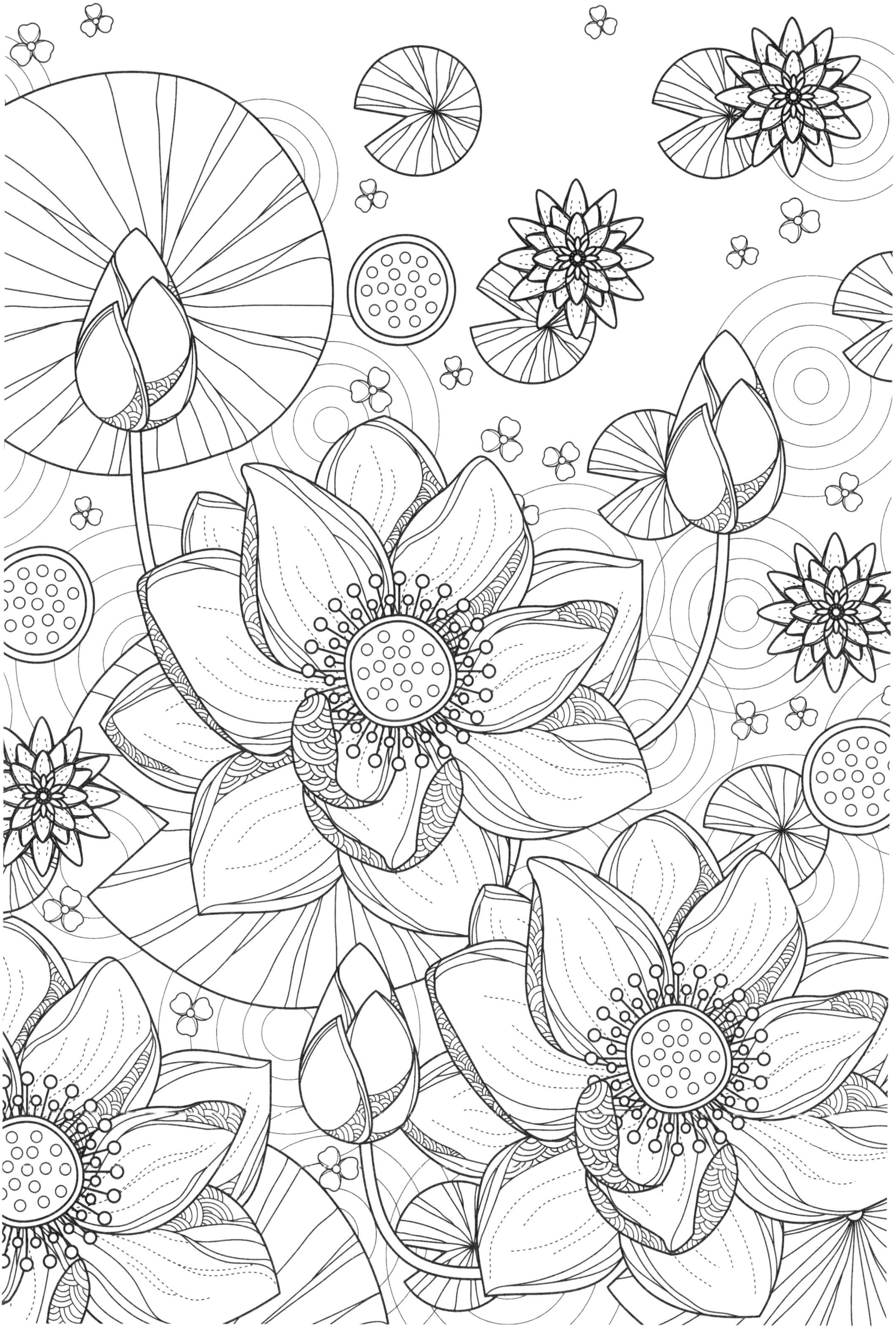

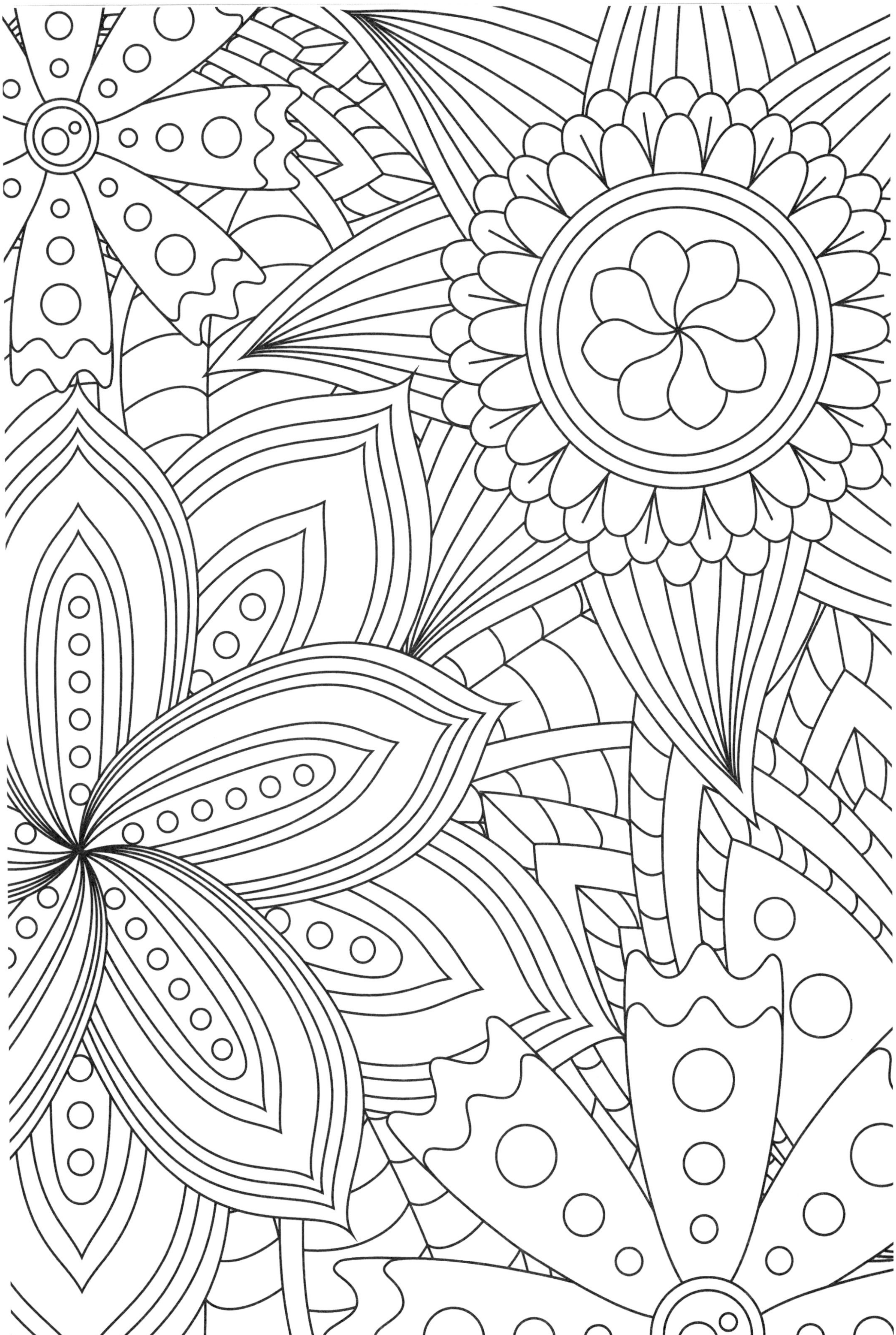

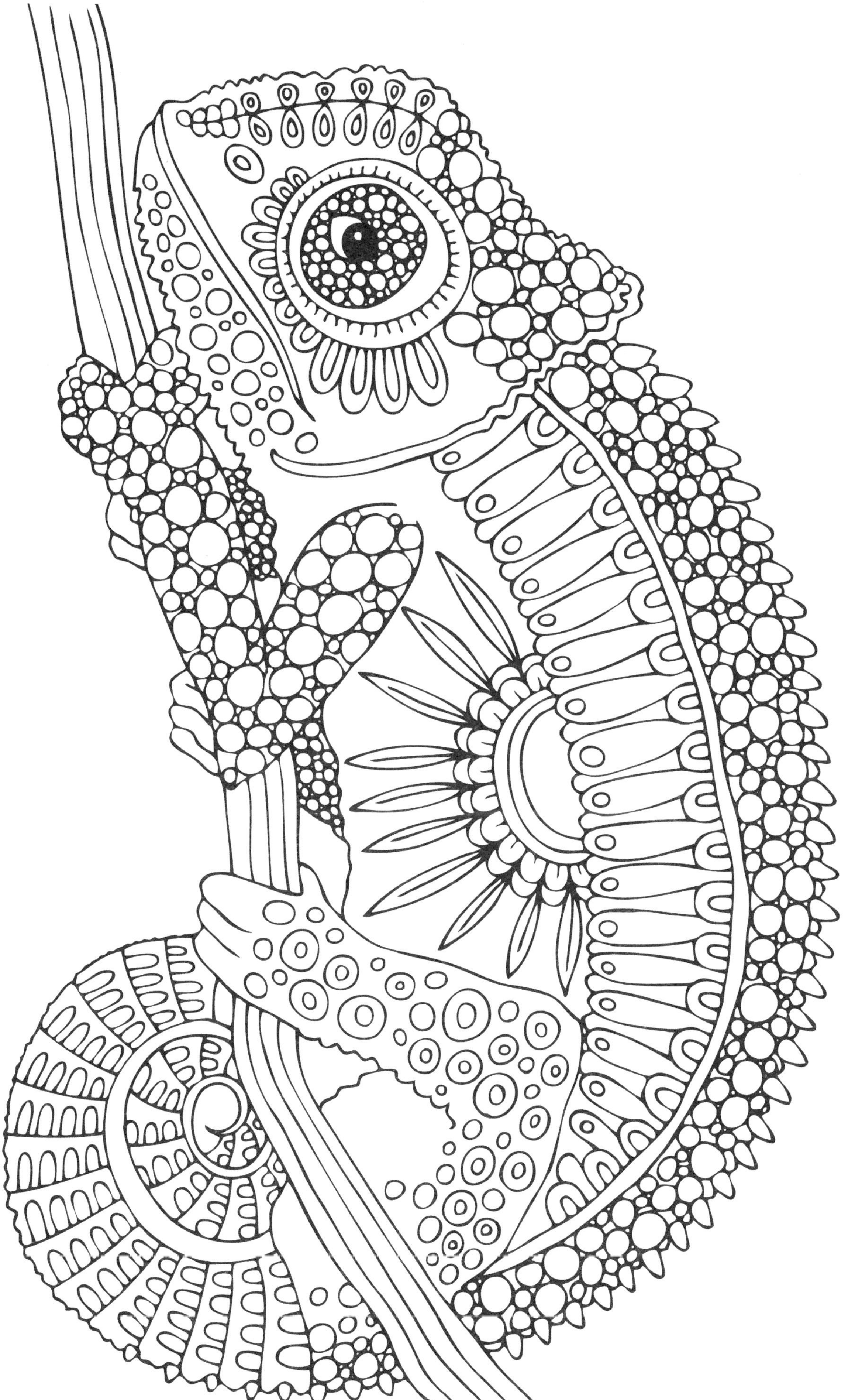

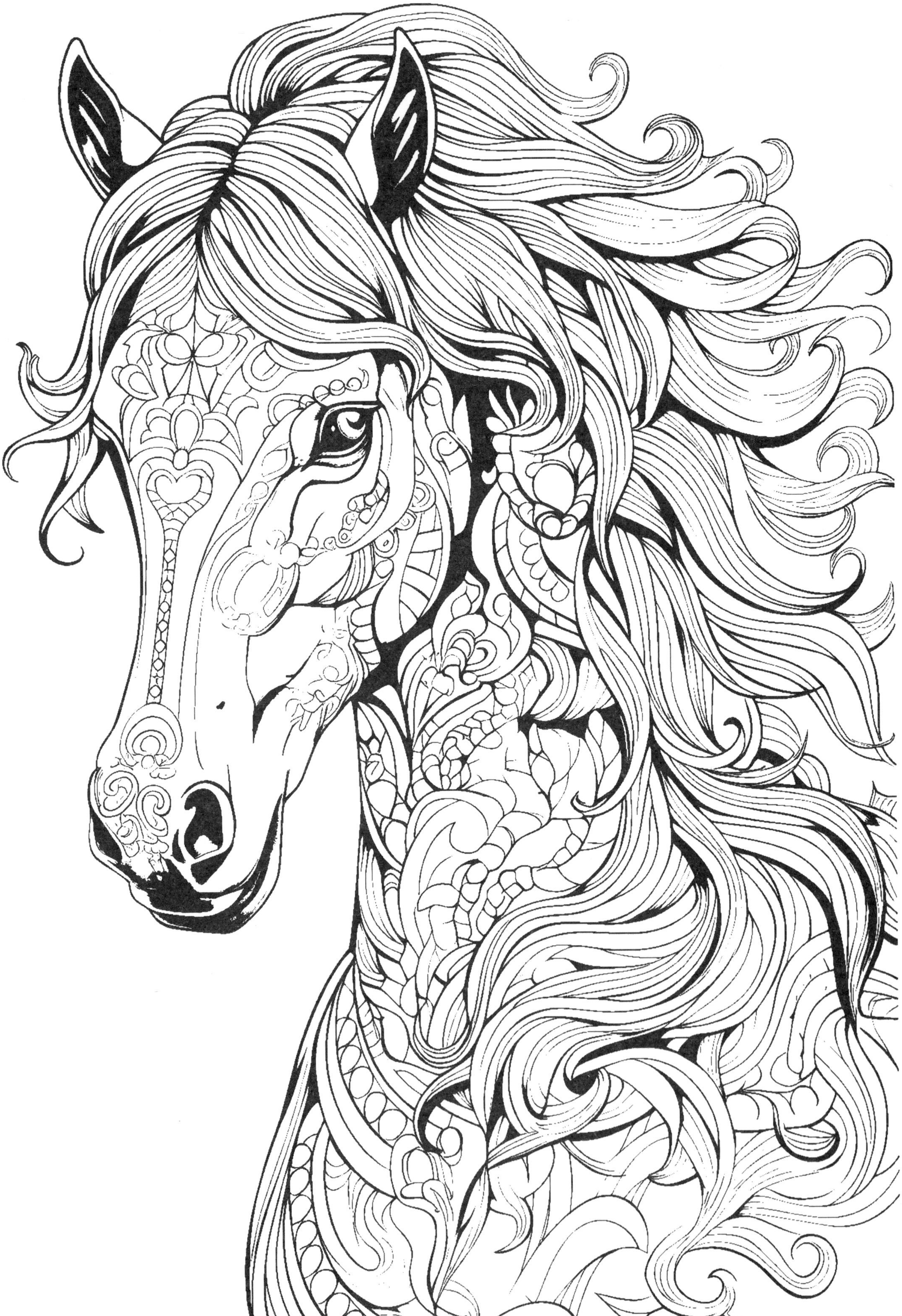